AF406730

Publié en 2024

Isis

Femme Divine

Moustafa Gadalla

TABLE DES MATIÈRES

1

À PROPOS DE L'AUTEUR

Moustafa Gadalla est un égyptologue indépendant égypto-amé-ricain né au Caire, en Égypte, en 1944. Il est titulaire d'un bacca-lauréat ès sciences en génie civil de l'Université du Caire.

Dès sa petite enfance, Gadalla a poursuivi avec passion ses racines égyptiennes antiques, à travers des études et des recherches continues. Depuis 1990, il consacre et concentre tout son temps à la recherche et à l'écriture.

Gadalla est l'auteur de vingt-deux livres publiés de renommée internationale sur les divers aspects de l'histoire et de la civilisa-tion de l'Égypte ancienne et ses influences dans le monde entier. En outre, il exploite un centre de ressources multimédia pour des études précises et éducatives sur l'Égypte ancienne, présentées d'une manière engageante, pratique et intéressante qui plaît au grand public.

Il a été le fondateur de la Tehuti Research Foundation, qui a ensuite été intégré au Centre multilingue de la sagesse égyptienne multilingue (https://www.egyptianwisdomcenter.org) dans plus de dix langues.
Le site Web comprend également une autre activité en cours ; la création et production de projets d'arts du spectacle tels que Isis Rises Operetta, Horus The Initiate Operetta ; Opérette des déesses égyptiennes ; et quelques autres productions suivront.

2

PRÉFACE

Contrairement aux autres ouvrages disponibles, ce livre vous remplira non seulement l'esprit, avec des informations détaillées, mais aussi le cœur, avec tout une palette d'émotions.

Le but de ce livre est d'expliquer le principe féminin divin en tant que source de création – à la fois physique et métaphysique ; la relation (et l'une-ité) des principes féminin et masculin ; la signification d'une vingtaine de divinités féminines en tant que manifestations des attributs féminins ; le rôle de l'idéologie d'Isis à travers le monde ; et plus encore. Cette Édition Augmentée du livre est divisée en huit chapitres et trois appendices.

Chapitre 1 : **Isis : la Mère de la Création** explique le rôle d'Isis lors de la séquence de création, comme un reflet de la totalité de la création, sa relation à Rê et Osiris.

Chapitre 2 : **La dualité d'Isis** explique sa double nature de base en tant qu'Intellect Divin de même que dans le cycle de création et en tant que matrice universelle.

Chapitre 3 : **Isis et Osiris – Le Duo Dynamique** explique les rôles combinés d'Isis et Osiris lors du développement et de la génération de toutes les créations de l'univers.

Chapitre 4 : **Isis : la Vierge Mère de "Dieu"** relate son rôle dans la Divine et Immaculée Conception de son fils Horus, le concept de Virginité, sa fuite et sa mise à l'abri—avec son nouveau-né—des menaces des forces du Mal, et le sacrifice de la vie de son fils.

Chapitre 5 : **La numérologie d'Isis et Osiris** explique les nombres d'Isis et Osiris 2 et 3—étant les nombres Premiers de la création et de la croissance ; et comment ces deux nombres génèrent toutes formes et volumes, l'harmonie musicale et les rythmes de l'univers.

Chapitre 6 : **La multitude des attributs d'Isis** présente seize divinités féminines, c'est-à-dire manifestations d'Isis, en tant que principe féminin de l'univers créé.

Chapitre 7 : **La bien-aimée dans tous les pays** relate la diffusion à travers le monde de la religion égyptienne ; comment de telles croyances survivent dans le christianisme ; et comment les fêtes religieuses de l'ancienne Égypte en rapport avec Isis furent adoptées par le christianisme pour Marie exactement aux mêmes dates que celles du calendrier égyptien.

Chapitre 8 : **Le pouvoir du cœur** explique l'éternel et puissant impact d'Isis sur une humanité à la recherche de réconfort et du remède universel.

Appendice 1 : **Cosmologie égyptienne et allégories**

Appendice 2 : **L'Allégorie égyptienne universelle – Isis et Osiris**

Appendice 3 : **Cœur et Âme : Réflexions métaphysiques**

À noter que la version digitale de ce livre en formats PDF et E-book contient un grand nombre de photos qui viennent compléter la lecture du livre.

Moustafa Gadalla

3

STANDARDS ET TERMINOLOGIE

1. En ancien égyptien, le mot neter, et sa forme au féminin netert, ont été traduits de manière erronée, et peut-être délibérée, par dieu et déesse par presque tous les académiciens. Neteru (le pluriel de neter/netert) désigne les principes divins et les fonctions de l'Unique et Suprême Dieu.

2. Il se peut que vous rencontriez des variations dans l'écriture des mêmes termes en ancien égyptien, comme Amen/Amon/Amoun ou Pir/Per. Ceci parce que les voyelles que vous voyez dans les textes égyptiens traduits ne sont que des approximations phonétiques, utilisées par les égyptologues occidentaux et destinées à leur faciliter la prononciation des termes et mots de l'ancien égyptien.

3. Nous utiliserons les mots les plus communément reconnus par nos lecteurs francophones pour identifier un neter et une netert [dieu, déesse], un pharaon ou une cité ; ils seront suivis par d'autres "variations" du terme/mot en question.

On notera que les vrais noms des divinités (dieux, déesses) étaient tenus secrets dans le but de garder à la divinité son pouvoir cosmique. On se référait aux Neteru par des épithètes décrivant une qualité particulière, un attribut et/ou des aspects de leurs rôles. Ceci s'applique à tous les termes courants tels qu'Isis, Osiris, Amoun, Rê, Horus, etc.

4. Lorsque nous utiliserons le calendrier romain, nous utiliserons les termes suivants :

> De notre ère. Correspond à : ap. JC
> Avant notre ère. Correspond à : av. JC

5. Le terme Baladi sera utilisé tout au long du livre pour dénoter la présence silencieuse de la majorité des Égyptiens qui adhéraient aux traditions de l'Égypte Ancienne, avec une mince couche extérieure d'Islam. [Lire *La culture de l'Égypte antique révélée* de Moustafa Gadalla pour des informations plus détaillées]

6. Il n'y a pas et il n'y a jamais eu d'écrits ni de textes en ancien égyptien que les Égyptiens eux-mêmes classifiaient comme "religieux", "funéraire", "sacré", etc. Les académiciens occidentaux ont donné à ces textes en ancien langage égyptien des noms purement arbitraires du genre "Livre de ceci" ou "Livre de cela", "divisions ", "énonciations ", "incantations ", etc. Le milieu académique occidental est même allé jusqu'à décider que tel "Livre" existait en "version Thébaine", ou en "version de telle ou telle époque". Après avoir ajouté foi à ses propres élucubrations, l'académie accusa les anciens Égyptiens d'avoir commis des erreurs et d'avoir omis des parties de leurs propres écrits ?!!

Toutefois, afin de faciliter les références, nous utiliserons la classification des anciens textes égyptiens en usage courant (bien qu'arbitraire) dans le milieu académique occidental et ce, même si les Égyptiens anciens eux-mêmes n'ont jamais eu recours à une telle classification.

4

CARTE D'ÉGYPTE ET DES PAYS VOISINS

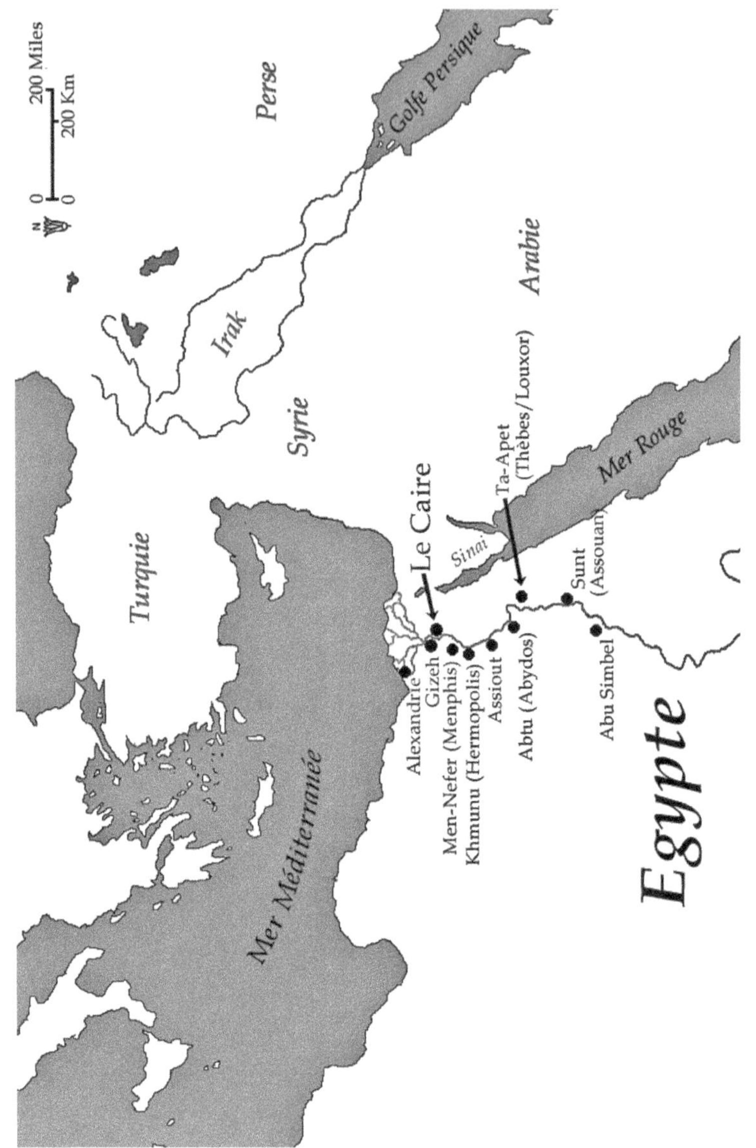
200 Miles
200 Km
N
0
0
Perse
Golfe Persique
Irak
Syrie
Arabie
Turquie
Mer Méditerranée
Le Caire
Sinai
Ta-Apet
(Thèbes/Louxor)
Mer Rouge
Alexandrie
Gizeh
Men-Nefer (Menphis)
Khmunu (Hermopolis)
Assiout
Abtu (Abydos)
Sunt
(Assouan)
Abu Simbel
Egypte

1

ISIS : LA MÈRE DE LA CRÉATION

1.1 SON NOM

L'appellation courante Isis se limite à son aspect de dévotion maternelle, de fidélité et de tendresse. Elle est pourtant beaucoup plus que cela – elle représente le principe divin féminin incluant le pouvoir de création qui conçut – à la fois sur le plan physique et métaphysique – et mis au monde toutes créatures vivantes.

Les anciens Égyptiens regardaient Isis comme un symbole de principe cosmique féminin, principe qui englobe des milliers de qualités féminines et d'attributs et pour lesquels les Égyptiens avaient des termes pour décrire chaque manifestation de ce principe féminin.

Dans la culture des pays francophones, un *nom* est simplement une étiquette permettant de distinguer une personne ou une chose d'une autre. Alors que pour les Égyptiens, les anciens comme ceux de la majorité silencieuse contemporaine, un « nom » commun représente le résumé ou synopsis des qualités ou attributs d'une entité. Les *noms communs* égyptiens sont les attributs et qualités de toute entité. Ce sera donc similaire aux mots que le français utilise pour désigner un charpentier, un fermier, etc., ce qui représente une activité spécifique.

En français, on se réfère à son nom comme Isis, mais les Égyptiens avaient un terme représentatif qui reconnaît la totalité de son principe cosmique féminin. Ce terme égyptien qui englobe cette totalité est **Auset**. Qu'y-a-t-il donc derrière ce « nom » ? Regardons tout d'abord les significations de Auset afin de montrer à quel point un nom représente qualités et attributs.

Auset est construit à partir du mot principal **Aus** et du suffixe **et**. Aus signifie la source, la puissance, le pouvoir. En mathématiques, nous utilisons l'expression 2 à la puissance (de) 2. Cette puissance mathématique s'appelle **Aus**. Le suffixe « et » à la fin de Aus-et est une terminaison féminine.

Aus signifie également *l'origine, la cause*.

À cet égard, nous démontrerons que Auset est la source, le pouvoir et la cause de l'univers créé, incluant tout ce qui est dans cet univers.

Un autre sens intéressant d'Aus-et est La Dame, et elle est effectivement La Dame du Ciel et de la Terre. Elle représente le principe féminin dans l'univers. Ce principe se manifeste sous différentes formes et de différentes façons et par conséquent Isis était appelée par les anciens Égyptiens *Auset [Isis] aux 10 000 noms (c'est-à-dire attributs)*.

Plusieurs mots sont dérivés directement du nom égyptien Auset, comme *Seta*, qui signifie le chiffre 6. Ceci est très important car le 6 est le chiffre ultime en termes d'espace, de volume et de temps.

Le cube avec ses 6 (sur)faces est le modèle de la Terre. Ainsi donc, elle représente la matrice de l'univers ainsi que la Terre, comme nous le verrons de manière plus détaillée plus loin.

Un autre sens en relation avec le nom Auset est le mot anglais « **seat** » (siège). Isis est représentée avec un siège ou un trône sur la tête pour montrer qu'elle symbolise la source de la légitimité, ce qui est manifesté dans l'adhésion de l'Égypte ancienne (comme de la majorité silencieuse actuelle) à la société matrilinéaire et matriarcale, dont il sera question plus loin dans cet ouvrage.

Comme nous l'avons remarqué, l'utilisation d'un nom commun pour Isis en français nous empêche d'appréhender des informations, des connaissance et des sagesses importantes. Cependant, afin de rendre la tâche plus facile à nos lecteurs francophones, nous continuerons à utiliser le mot Isis, et les autres noms en ancien égyptien qui leur sont déjà familiers.

Le rôle d'Isis en tant que principe féminin du divin dans le processus de Création a été reconnu par tous. Elle existe partout et est connue de tous depuis des temps immémoriaux. Ainsi, Plutarque en fait-il la remarque dans le Volume V de ses Œuvres morales,

> *« Isis est en fait, le principe féminin de la nature et est le réceptacle de toute forme de création et par la plupart des gens, a été appelée par une infinité de noms, puisque, à cause du pouvoir de la Raison, elle se transforme en cette chose-ci ou en celle-là et reçoit toutes formes. »*

Pour apprécier le rôle d'Isis **en tant que principe féminin** de la nature, il nous faut trouver son rôle cosmique premier dans la séquence ordonnée de la Création de l'univers.

1.2 LA MATRICE UNIVERSELLE

Pour apprendre la séquence de création, il nous faut revisiter l'état de l'univers avant la création.

Chaque texte égyptien traitant de la création commence par la même croyance de base selon laquelle avant le commencement de toutes choses, il y avait un abysse liquide primordial – partout, sombre, infini, et sans limites ni directions. Les Égyptiens appelaient cet océan cosmique, ce chaos aquatique Noun, ce qui signifie non existence. Le néant qui est la source de tout.

Les scientifiques sont en accord avec la description des anciens Égyptiens de l'origine de l'univers comme étant un abysse. Les scientifiques font référence à cet abysse en tant que soupe de neutrons, là où ils ne sont ni électrons ni protons mais seulement neutrons et ne formant qu'un énorme noyau, extrêmement dense. Un tel chaos, dans l'état d'avant la création, a été causé par la compression de la matière, c'est-à-dire que les atomes n'existaient pas en leur état normal mais étaient pressés si étroitement les uns contre les autres que les nombreux noyaux atomiques étaient confinés dans un espace auparavant occupé par un seul atome normal. Dans de telles conditions, les électrons de ces atomes furent éjectés de leur orbite et se mouvèrent librement, c'est-à-dire dans un état de chaos dégénéré.

Ceci représentait l'état non-polarisé de la matière avant le Big Bang.

Note Wikipédia : Littéralement, « Big Bang » se traduit en français par « Grand Boum », mais la version anglaise de l'expression est presque exclusivement la seule utilisée en français, et ce même dans d'autres langues que l'anglais, tant par la presse grand public ou par les auteurs de vulgarisation que par la littérature scientifique.

L'énergie condensée dans la soupe de neutrons d'avant la création s'intensifiait sans cesse jusqu'à atteindre une concentration d'énergie optimale qui finit par conduire à son explosion et à son expansion, dans ce que nous décrivons comme le Big Bang d'il y a environ 15 milliards d'années.

Les forces centrifuges, qui causent toutes les galaxies à se mouvoir en direction de l'extérieur, s'opposent à deux forces : l'une de gravitation, l'autre de contraction. À l'heure actuelle, les forces centrifuges surpassent les forces de contraction et donc, les limites de notre univers sont encore en train d'être repoussées.

Cet univers en expansion, résultat du Big Bang, est comme une immense bulle, ou mieux encore, c'est comme un genre de matrice contenant tout l'univers. Cet univers en expansion est la matrice qui contient toute la création. C'est la matrice d'Isis – la mère universelle de tout.

La création a lieu lorsque l'énergie divine est née dans une sorte de matrice qui est représentée par Isis. La matrice a plusieurs manifestations. Sur le plan universel, c'est l'espace qui contient l'univers. C'est également la matrice de la mère des graines plantées dans le sol – toutes ces manifestations de la matrice représentent Isis.

Les scientifiques disent qu'à un moment donné, dans le futur, l'univers cessera de se dilater pour commencer à devenir plus petit. Le rayonnement micro-ondes émanant de la boule de feu du Big Bang (et qui est toujours dans sa course) va commencer à diminuer, à se réchauffer et à changer encore de couleur, jusqu'à devenir visible à nouveau. Le ciel deviendra rouge, virera à l'orange, au jaune, au blanc, pour finir dans le Big Crunch, c'est-à-dire toute la matière et le rayonnement de l'univers viendront se fracasser en une seule unité.

Le Big Crunch n'est pas la fin en soi, car l'univers réunifié, écrasé – la soupe de neutrons – aura la potentialité d'une nouvelle création, qu'on appelle Big Bounce.

Ceci nous montre que la création est finalement un processus qui suit un cycle fondamental de naissance-vie-mort et renaissance. Nous reconnaissons que ce cycle cosmique est le Big Bang suivi de la vie, puis du Big Crunch : après nous sommes à nouveau prêts pour un nouveau rebond et un nouveau cycle de création.

Et il n'y a pas que tout l'univers qui suit ce cycle, l'homme et toutes les autres créatures suivent également ce cycle fondamental.

Tous les anciens textes égyptiens ont pour thème principal la nature perpétuelle et cyclique de la création. Il n'est donc pas surprenant que les anciens textes égyptiens qui décrivaient le Big Bang ont également décrit en des termes symboliques égyptiens habituels : le Big Crunch et le Big Bounce.

Le texte des Sarcophages, incantation 130 nous dit que :

> **« *Après les millions d'années de création différenciée, le chaos précédant la création reviendra. Seulement l'Indifférencié/le Complet [Atam] et Aus-ra resteront- n'étant plus séparés ni dans le temps, ni dans l'espace.* »**

L'ancien texte égyptien nous dit deux choses. La première est le retour de l'univers créé à la destruction à la fin du cycle de création, ce qui signifie le Big Crunch. La deuxième est le potentiel d'une nouvelle renaissance cyclique de l'univers symbolisé par la présence de Aus-ra.

Comme nous l'avons dit auparavant, le mot Aus signifie le pouvoir de. Ainsi, Aus-Ra signifie le pouvoir de Ra [Rê], c'est-à-dire la re-naissance de Ra [Rê], la création dans l'abysse d'un état de pré-création.

Le thème principal des textes anciens égyptiens est la nature cyclique de la création : naître, vivre, mourir, et se régénérer à nouveau.

1.3 L'UN ET LE TOUT – ATAM

La création est venue de l'état de non-création. Un tel état de l'univers représente l'Être Subjectif – l'énergie/la matière non-formée, non-définie, et non-différenciée. Son énergie inerte est inactive.

D'un autre côté, l'état de création est ordonné, formé, défini, et différencié. La totalité de l'énergie divine au cours de l'état de création est appelé **Atam** par les Égyptiens.

Atam, qui signifie l'une-ité de tout, ce qui est complet, est connecté à la racine '**tam**' ou '**tamam**', qui veut dire « *être complet* » ou « *mettre fin à* ».

Dans les textes anciens égyptiens, Atam signifie *celui qui complète* ou *qui parfait*, et dans la Litanie de Rê, Atam est identifié comme *l'Un Complet, le TOUT.*

Numériquement parlant, un n'est pas un nombre, mais l'essence du principe sous-jacent de nombre, tous les autres nombres étant constitués à partir de lui. Un représente l'Unité : l'Absolu en tant qu'énergie non polarisée. Atam, en tant que nombre Un, n'est ni pair ni impair mais les deux à la fois. Il n'est ni féminin ni masculin mais les deux à la fois.

Atam est la totalité de la matrice d'énergie ordonnée durant la phase de création, alors que Noun est le composé d'énergie désordonnée – l'Être Subjectif. La totalité de l'énergie divine au sein de l'univers est appelée Noun dans son état de désordre et Atam dans son état/processus ordonné de création.

Atam représente la décharge, en une séquence ordonnée, de l'énergie existante au sein de Noun, c'est-à-dire qui lui apporte la vie. Ceci représente l'Être Objectif.

L'énergie Divine qui se manifeste dans le cycle de création est définie par ses aspects d'énergie qui la constituent et que les anciens Égyptiens appelaient neteru. Pour que la création ait lieu et qu'elle se maintienne, cette énergie divine doit être pensée en termes de principes masculin et féminin. Par conséquent, les anciens Égyptiens exprimaient les forces d'énergie cosmique en termes de *netert* (principe féminin) et de *neter* (principe masculin).

Le mot égyptien *neter* ou nature ou *netjer* signifie un pouvoir qui est capable de générer la vie et de la maintenir après l'avoir générée. Comme toutes les parties de la création traversent un cycle de naissance-vie-mort-renaissance, ainsi en est-il des énergies motrices au cours des phases de ce cycle. Il en résulte que le mot en ancien égyptien neteru, c'est-à-dire les énergies divines, ont traversé et continuent de traverser le même cycle de naissance-croissance-mort et renouvellement. Une telle compréhension était partagée par tous, ainsi que l'a noté Plutarque : c'est-à-dire que la multitude des forces de la nature connue sous le nom de neteru naissent ou sont créées, sont sujettes au changement continuel, au vieillissement, à la mort et à la renaissance. Lorsque l'on considère les neteru non pas comme des dieux ou des déesses – mais comme des forces d'énergie cosmique, on peut alors voir le système des anciens Égyptiens comme une extraordinaire représentation du cosmos.

Atam, le maître du cosmos, est identifié dans les anciens textes égyptiens, comme *le un complet qui contient le tout*.

Le texte ancien égyptien se lit ainsi :

> *« Je suis de nombreux noms et de nombreuses formes et mon Être existe dans chaque neter* [dieu, déesse]. »

Le germe de la création – duquel tout trouve son origine est Atam. Et de la même façon que la plante est contenue à l'intérieur du germe, tout ce qui est créé dans l'univers est Atam, également.

Atam, l'Un qui est le Tout, en tant que Maître de l'Univers, déclare, dans le papyrus en ancien égyptien, plus connu sous le nom de papyrus Bremner-Rhind,

« Lorsque je me suis manifesté dans l'existence, l'existence a existé.

Je vis le jour sous la forme de l'Existant, qui vit le jour au Premier Temps.

Voyant le jour selon le mode d'existence de l'Existant, j'existai donc.

Et c'est ainsi que l'Existant vit le jour. »

En d'autres termes, lorsque le Maître de l'Univers vit le jour, c'est la création entière qui vit le jour, parce que le Complet contient le tout. Tous les textes anciens égyptiens reflètent ce mode de pensée sophistiqué qui met l'accent sur une séquence progressive et ordonnée de création.

La création est le classement (en donnant une définition/ en apportant l'ordre à) de tout le chaos (l'énergie/la matière et la conscience non différenciée) de l'état primordial. Tous les comptes rendus de la création le présentaient à l'aide d'étapes bien définies et clairement démarquées.

La première phase de création était représentée par Atam/ Atoum/Atem émergeant de Nou/Ny/Noun – la soupe de neutrons.

Dans tous les textes égyptiens, on retrouve invariablement comment un état de chose/d'être se développe ou mieux encore, émerge dans le prochain état d'existence/d'être/de chose. Et nous retrouvons toujours que n'importe lequel de ces deux états consécutifs sont des reflets l'un de l'autre. Ce qui est non seulement scientifiquement correct mais ordonné, naturel et poétique. Les Égyptiens étaient renommés pour donner une tournure poétique à ces sujets scientifiques et philosophiques.

1.4 RÊ : L'ATAM MANIFESTÉ

Atam représente la réalisation de l'existence cosmique totale.

Le rôle de Rê dans le processus de création est le mieux décrit dans le chapitre 17 de l'ancien texte égyptien *Le Livre pour Sortir au Jour* – que l'on continue d'appeler de manière erronée *Livre des Morts* , dans lequel on apprend que Rê est la force créatrice cosmique primordiale, LA manifestation d'Atam.

Dans le texte égyptien, Atam déclare :

> *« Je suis apparu en tant que Rê à l'horizon est du ciel... »*

Une autre version de cet ancien livre égyptien dit :

> *« Je suis Atam (le Tout) lorsque j'étais seul dans l'Abysse Aquatique.*
> *Je suis Rê dans ses manifestations... »*

Rê représente la force créatrice, cosmique, primordiale. La manifestation de A-tam.

Lorsque Atam s'associe à Rê (la force créatrice), on obtient Rê-Atam, représentant la manifestation de la force créatrice.

1.5 ISIS : L'IMAGE D'ATAM

Nous avons vu comment une création ordonnée – sous la forme d'Atam, le Complet – a émergé de l'état chaotique de pré création, de Noun – le Néant.

Nous avons également vu comment un état d'être se développe ou émerge dans le prochain état d'être et comment deux étapes consécutives sont des images l'une de l'autre. Noun et Atam sont des reflets l'un de l'autre, comme les chiffres 0 et 1 – 0 n'est rien, est nul et 1 signifie le tout.

La première chose à se développer à partir de la lumière d'unité du Un Complet fut la force de la Raison Active, comme Il fit deux émerger de un, par répétition.

La pensée de la raison active et divine est la première « chose » à partir de laquelle l'existence peut se poursuivre en tant qu'acte, descendance et image du premier – Atam. La capacité de concevoir – à la fois mentalement et physiquement – était représentée de manière naturelle par le principe féminin – Isis – étant le côté féminin de l'unité d'Atam. Ceci fut confirmé de manière simple dans les écrits de Plutarque lorsqu'il écrivit dans le volume V de ses Œuvres morales,

« ...depuis, parce qu'à cause de la force de raison. Isis se change elle-même en ceci ou en cela et est le réceptacle/et peut recevoir de toutes sortes de formes. »

C'est Isis, en tant qu'Esprit Divin ou Divine Intellection ou Principe Intellectuel Divin, qui commence l'existence de la Pluralité ou de la Complexité ou de la Multiplicité.

La relation entre le Maître de l'Univers – le Complet – et la Mère de la Création est décrite de la meilleure des façons en termes musicaux. La relation entre Atam – le Complet – et son reflet féminin (Isis) est comparable à la relation entre le son d'une note et son octave. Considérons une corde d'une certaine longueur comme unité (de départ). Faites la vibrer, elle produit un son. Pressez la corde en son milieu et faites la vibrer. La fréquence de vibrations produite est (le) double de celle produite par la corde entière, et le son est élevé d'une octave. La longueur de la corde a été divisée par deux et le nombre de vibrations par seconde a été multiplié par deux : un demi (1 :2) a créé son reflet opposé (2 :1), 2/1. Cette relation harmonique est représentée par Atam et Isis.

Le nombre d'Isis est deux, ce qui symbolise le pouvoir de multiplicité : le réceptacle mutable féminin, horizontal, représentant la base de tout. Dans la pensée des anciens Égyptiens, Isis, en tant que nombre deux, est à l'image du premier principe – l'intellect divin.

1.6 ISIS : LE RÊ (AU) FÉMININ

La relation de l'intellect au Complet, Atam, est comme la relation de la lumière du soleil émanant du soleil.

Les anciens textes égyptiens décrivent Isis comme le divin rayon de soleil, car elle est appelée

> *La fille du seigneur universel*
> *Le Rê féminin*
> *La Donneuse de Lumière au ciel avec Rê*

Isis est alors l'énergie émanée du Complet. En tant que principe féminin dans l'univers, seulement elle peut concevoir et donner naissance à l'univers créé.

En d'autres termes, Isis est le reflet de l'élan créateur cosmique – décrit par le terme Re. Donc, lorsqu'il est question de Re, dans un texte égyptien, il est dit :

> *« Tu es les corps d'Isis. »*

Ceci implique que Rê, l'énergie créatrice, apparaît également sous les divers aspects du principe féminin cosmique Isis. En tant que telle, Isis est identifiée comme :

> *Le Rê féminin*
> *La Dame du commencement du temps*
> *Le prototype de tous les êtres*
> *La plus grande des neteru – [c'est-à-dire les forces divines]*
> *La Reine de tous les neteru*

Isis est identifiée dans les textes anciens égyptiens comme la Marraine. (Mère devant Dieu) Combien aimante est Isis, notre Marraine. Elle– le principe féminin – est la matrice de l'univers créé. Matrice étant un terme maternel, mater –x. (Matrix en langue anglaise).

Isis, étant la réplique de la totalité de la création, est celle qui contient toutes les créatures. Une fois encore, en termes musicaux, nous trouvons qu'entre la note d'origine (produite par toute la longueur – Do) et le son produit par son point milieu – son octave – Do1, il y a six positions où l'oreille interprète six sons harmonieux différents (Ré, Mi, Fa, Sol, La, Si), situés à des distances inégales les uns des autres. La réaction à tous les sons des notes naturelles est caractérisée par un inégalable sens de l'équilibre. Ce sens de l'équilibre et de l'harmonie est régi par une des manifestations féminines d'Isis, connue sous le nom de Maat.

1.7 ISIS : L'ÉTOILE DU (GRAND) CHIEN

Au cours des périodes très anciennes de l'histoire de l'Égypte ancienne, Isis était associée à l'étoile Sirius, la plus brillante étoile du ciel, et qui était appelée tout comme elle, la Grande Pourvoyeuse. Le calendrier égyptien, ingénieux et très précis, était basé sur l'observation et l'étude des mouvements célestes de Sirius.

On peut trouver de nombreux monuments à travers les sites de l'Égypte ancienne, qui attestent de leur conscience et connaissance de la cosmologie et de l'astronomie. Une sorte d'observation astronomique systématique vit le jour très tôt en ancienne Égypte. Les anciens Égyptiens dressaient des listes de bases de données, établissant des cartes des constellations, basées sur leurs observations et notes sur Sirius et *l'étoile qui suit Sirius.*

Les Grecs, les Romains, et d'autres sources anciennes, affirmaient que les Égyptiens considéraient Sirius comme le grand feu central, autour duquel notre système solaire est en orbite. Les mouvements de Sirius sont étroitement liés à une autre étoile qui l'accompagne. Sirius et sa compagne tournent autour de leur centre de gravité commun ou, en d'autres termes, tournent l'une autour de l'autre.

Le diamètre de Sirius est moins du double du diamètre de notre soleil. Sa compagne, cependant, a un diamètre seulement d'environ trois fois le diamètre de la terre, mais sa masse est d'environ 250 000 fois celle de la Terre. Sa matière est si compressée qu'elle est environ 5 000 fois plus dense que le plomb. Une telle compression de matière signifie que les atomes de la compagne de Sirius n'existent pas dans leur état normal, mais sont si étroitement pressés les uns contre les autres que de nombreux noyaux atomiques sont confinés dans un espace auparavant occupé par un seul atome normal. C'est-à-dire que les électrons de ces atomes sont éjectés de leur orbite et se meuvent librement (dans un état dégénéré). C'est là l'égyptien Noun, la soupe de neutrons – l'origine de toute matière et énergie dans l'univers.

Le mouvement de la compagne de Sirius sur son propre axe et autour de Sirius soutient/maintient toute création dans l'espace, et en tant que tel, est considéré comme le point de départ de la création. Les registres des anciens Égyptiens affirment que le début de la période sothiaque correspondait au commencement du monde – le début d'un cycle zodiacal d'environ 26 000 ans.

1.8 LE CŒUR (ISIS) ENGENDRE L'ÂME (OSIRIS)

Le plan de création étant conçu par la Divine Raison, l'étape logique suivante est de lui apporter la vie. Par conséquent, Isis, la Pensée Divine, engendre un pouvoir apte à la réalisation de sa Pensée. L'apport de la vie ou l'animation du plan de création est provoquée, amenée par la Toute-Âme, ou Âme Universelle du Tout. L'âme universelle était représentée en Égypte ancienne, par Osiris – le troisième dans la séquence de création, et le nombre trois fut communiqué à travers lui.

Osiris est l'éternelle émanation et l'éternel reflet de la Seconde Hypostase, le Principe Intellectuel.

Chaque étape de création a tendance à engendrer un reflet d'elle-même ; elle a aussi tendance à rejoindre la prochaine [étape] supérieure, de laquelle elle est une ombre ou une manifestation inférieure – car Isis est un reflet du premier principe et son ombre est Osiris. Comme c'est instructif !

Dans la séquence ordonnée de la création, c'était le principe féminin Isis qui, après avoir conçu le projet, lui donna vie. En tant que telle, Isis est appelée :

> *Isis la Donneuse de Vie. Celle qui Accorde la Vie*
> *Isis, la Dame de Vie*
> *Isis, la Donneuse de Vie. Celle qui Donne la Vie*
> *Isis, celle qui réside en les Neteru*

Isis est celle qui octroie la force de vie universelle, qui est Osiris.

Isis et Osiris sont également des reflets l'un de l'autre. Ou en d'autres termes, le féminin et le masculin sont des reflets l'un de l'autre.

Sur un plan intellectuel, le principe féminin est à la fois passif et actif, car Isis conçoit le projet d'une manière passive, ensuite elle donne vie à ce projet, reflétant ainsi son activité comme une extension de sa passivité, c'est-à-dire que l'intellect et l'âme du monde représentent la relation d'intellect actif et passif.

L'intellect est comme il est, toujours égal à lui-même, au repos dans une activité statique. Ceci est un attribut féminin. Le mouvement vers lui et autour de lui est l'œuvre de l'Âme, avançant depuis l'Intellect à l'Âme, rendant l'Âme intellectuelle, et non pas en créant une autre nature à mi-chemin de l'Intellect et de l'Âme.

Et sur le plan de l'âme, Isis est l'âme passive et Osiris l'âme active.

Encore et toujours, nous remarquons que la séquence de création est basée sur une étape qui est une progression naturelle, de même que l'image de l'étape suivante – et inversement. D'active à passive et de passive à active telle est la réaction en chaîne (pour ainsi dire) de la création.

Le temps nous est présenté comme la « vie » de l'Âme, à la différence de l'Éternité, qui est le mode d'existence de l'Intellect. Cependant, l'Âme est une entité qui comprend différents niveaux de réalité, et il arrive à l'occasion, que le plus haut aspect, au moins, de l'Âme soit largement assimilé à l'Intellect.

La relation de l'âme à l'intellect est comme la relation de la lumière de la lune à la lumière du soleil. Lorsque la lune s'emplit de la lumière du soleil, sa lumière devient une imitation de la lumière du soleil. De la même manière, lorsque l'âme reçoit l'effusion de l'intellect, ses vertus deviennent parfaites et ses actes imitent les actes de l'intellect. Quand ses vertus deviennent parfaites, elle connait alors son essence, son soi, et la réalité de sa substance.

Les forces combinées de l'esprit divin et de l'âme divine rendent possible la création du monde naturel. Isis en tant que Principe Intellectuel Divin a deux Actes – celui de la contemplation tournée vers le haut de l'Unique et celui de « génération » envers le Tout-Âme inférieur. De la même manière, l'Âme du Tout a deux Actes : celui de contempler immédiatement le Principe Intellectuel et de « générer » dans l'abondance de sa propre perfection l'Âme Génératrice et Regardant la Nature et dont l'opération est de générer ou de façonner l'Univers matériel, inférieur, selon le modèle des Pensées Divines, les « Idées » projetées dans l'Esprit Divin. L'Âme du Tout est la cause motrice du mouvement et de la Forme ou de l'Univers matériel, perçu par les sens, qui est l'Acte de l'Âme et son émanation, son image et son ombre.

Avec les forces conjuguées des énergies féminines et masculines, le projet de création peut voir le jour.

2

LA DUALITÉ D'ISIS [ISIS ET NEPHTYS]

2.1 LA DUALITÉ DE L'INTELLECT DIVIN

Auparavant, nous avons vu que les pouvoirs intellectuels d'Isis ont conduit à la conception et création de l'âme animée que nous appelons Osiris. Mais la dualité existe également dans le royaume intellectuel d'Isis dont le chiffre symbolique est 2 et ses multiples.

La double nature complémentaire de l'intellect réside dans sa capacité à analyser ce qui suit ou à guider vers la capacité à réconcilier. Cette double nature de l'intellect était symbolisée par les deux sœurs Isis et Nephtys. Isis et Nephtys sont représentées en tant que « sœurs » pour souligner la double nature de leurs nombreuses activités et de leur symbolisme.

Isis est représentée par le cobra, tandis que Nephtys est représentée par le vautour.

Le puissant cobra, capable d'ingérer un énorme animal et de le digérer, était pour les Égyptiens la manifestation terrestre de l'intellect divin. La faculté intellectuelle permet à une personne de décomposer un tout (un sujet/corps complexe) en les parties qui le constituent dans le but de le digérer.

Le symbolisme intellectuel du cobra est complété par la réconciliation primordiale du vautour. La réconciliation est aussi un aspect féminin de l'univers.

L'intellect requiert la capacité d'analyse (séparer) et de réconciliation et d'assimilation.

2.2 LA DOUBLE NATURE DU CYCLE DE CRÉATION

Les deux divinités féminines Isis et Nephtys apparaissent ensemble dans de nombreux endroits dans les registres égyptiens. Elles sont presque toujours dépeintes ensemble et, dans de rares cas, individuellement.

On peut les considérer comme des Sœurs Jumelles – ou mieux encore, comme la double nature du principe féminin.

Dans la tombe de la reine Néfertari, nous trouvons la divinité solaire verte rajeunie en un corps ayant l'apparence d'une momie.

Sur le côté droit, près d'Isis, nous pouvons lire :

Voici Rê qui vient se reposer en Osiris.

Sur le côté gauche, près de Nephtys, nous pouvons lire :

Voici Osiris qui vient se reposer en Rê.

Les textes égyptiens font référence à Rê et Osiris comme *les Âmes Sœurs*.

Les deux divinités masculines Rê et Osiris ont leur pendant, leur contrepartie dans la double nature féminine du cycle de création, nommément *les Sœurs Jumelles*.

2.3 LA DOUBLE NATURE DE LA MATRICE UNIVERSELLE

Sur un plan cosmique, Isis représente la multiplication, la fertilité, et la dilatation de l'utérus d'une mère ou l'énorme bulle en expansion que nous appelons l'Univers. Sa sœur Nephtys assure l'expansion ordonnée et harmonique en établissant les limites extérieures ou limitations de l'expansion. Toutes deux garantissent une expansion et une contraction ordonnées (énergies divines) entre le Big Bang et le Big Crunch.

Sur le plan universel, Isis représente la matrice active en expansion appelée l'Univers, et sa sœur jumelle Nephtys représente les limites extérieures ou le périmètre de la bulle universelle.

Les sœurs jumelles sont le reflet l'une de l'autre. Isis représente la partie visible du monde, tandis que Nephtys en représente la partie invisible.

Isis et Nephtys représentent respectivement les choses qui sont et les choses qui restent à venir en état d'être, le commencement et la fin, la naissance et la mort, la vie et la mort.

Isis symbolise naissance, croissance, développement et vigueur. Nephtys représente la mort, la pourriture, la diminution et l'immobilité. Nephtys représente la mort et est associée à la venue au monde de l'existence de la vie qui jaillit de la mort. Isis et Nephtys étaient toutefois associées l'une à l'autre de manière inséparable, et dans toutes les matières importantes concernant le bien-être des décédés, elles agissaient de concert et apparaissaient ensemble sur les bas-reliefs et sur les vignettes.

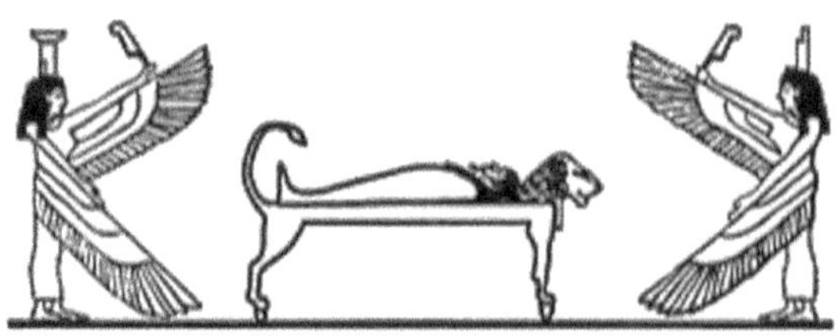

Puisque ce qui est en haut est comme ce qui est en bas, la double action des deux sœurs sur le plan cosmique se trouve également sur Terre. Une de leurs manifestations est la représentation de la fertilité De la Terre d'Égypte.

Isis représente les portions fertiles de la terre alors que sa sœur, Nephtys, représente le périmètre aride, infertile. Dans le volume V de ses Œuvres morales, Plutarque l'explique ainsi :

> *... les Égyptiens tiennent la terre pour être le corps d'Isis, pas dans sa totalité, mais autant que le Nil peut couvrir, le fertilisant et s'unifiant à lui... Les parties les plus éloignées de la terre à côté des montagnes et longeant la mer les Égyptiens l'appellent Nephtys. C'est pourquoi ils donnent à Nephtys le nom de « Finalité ».*

Isis, parmi plusieurs de ses 10 000 noms, est appelée :

> *Créatrice des choses vertes*
> *Déesse Verte, dont la couleur verte est comme la verdure de la terre*
> *Dame d'abondance*
> *Dame des Vertes Récoltes*
> *La Verte Netert (Uatchet)*

Au bout des zones vertes qui sont pleines de vie se trouve Nephtys, dont le nom de « Finalité » signifie *complète, conclusive, établie*.

2.4 LES DEUX DAMES ET LE DIADÈME

Les deux sœurs jouaient un rôle de premier plan dans l'accession

au trône des rois. Dans l'un des nombreux attributs d'Isis, elle est
appelée :

La Faiseuse de rois
Isis, qui délivre à un roi son rang, sans qui aucun roi ne peut
exister

Dans les textes anciens égyptiens, le roi déclare qu'il doit sa sou-
veraineté à la faveur de la Paire de Sœurs – Isis et Nephtys, dont
on trouve la représentation des symboles sur les fameux dia-
dèmes portés par les pharaons égyptiens.

Un des titres du roi égyptien était Seigneur du diadème du vautour et du serpent. Le diadème, combinant le serpent et le vautour, était le symbole terrestre de l'homme divin, du Roi. Le
diadème comprenait le serpent (symbole de la fonction intellectuelle qui divise) et le vautour (symbole de la fonction intellectuelle qui réconcilie). L'homme divin doit être capable à la
fois de distinguer et de réconcilier. Puisque ces pouvoirs doubles
résident dans le cerveau humain, la forme du corps du serpent
suit les sutures physiologiques réelles du cerveau où siègent ces
facultés humaines particulières.

Placé au milieu du front, le diadème représente le troisième œil,
avec tous ses pouvoirs métaphysiques.

3

ISIS ET OSIRIS – LE DUO DYNAMIQUE

3.1 DUALISMES EN ÉGYPTE ANCIENNE

Le monde, tel que nous le connaissons, est maintenu ensemble par une loi basée sur la double nature équilibrée de toutes choses (entièretés, unités). Parmi les paires polarisées les plus remarquables, notons : masculin et féminin, impair et pair, négatif et positif, actif et passif, lumière et obscurité, oui et non, vrai et faux – chaque paire représente un aspect différent du même principe fondamental de polarité. Et chaque aspect participe de la nature de l'unité et de la nature de la dualité.

L'expression la plus éloquente, la plus parlante sur la double nature est présente dans le texte en ancien égyptien, connu sous le nom de *Papyrus Bremner-Rhind* :

> *« J'étais antérieur aux Deux Antérieurs que je conçus, car j'avais priorité sur les Deux Antérieurs que je fis, car mon nom était antérieur aux leurs, car je les fis antérieurement aux Deux Antérieurs... »*

La double nature universelle de la création se manifeste en de nombreuses applications, comme on a pu l'identifier en Égypte ancienne.

Chaque aspect double du processus de création est représenté par deux attributs divins ou neteru. En fonction de chaque aspect, le double neteru peut être représenté par :

- un homme et une femme

- deux femmes

- deux hommes

- deux moitiés d'unisexes

Plusieurs paires ont été utilisées dans l'Égypte ancienne pour répondre aux situations variées. Une brève vue d'ensemble d'exemples d'applications égyptiennes sont montrés ici, dans trois domaines :

A. Création – Aspects Formatifs

a – Shou et Tefnout – représentent l'acte initial de création – la formation de la bulle universelle

b – Isis et Nephtys —Expansion & contraction de la bulle universelle

c – Isis et Osiris représentent l'action au sein de la bulle universelle

B. Aspects d'unification – [faire le nœud, se marier]

a – Horus et Thoth

b – Deux Hapis [Unisexes]

c – Qareens des Deux Terres

C. Aspects Cycliques

a – Osiris et Horus

b – Re et Osiris

c – Aker

Le double Shou et Tefnout représente l'action initiale de création. L'univers créé est sujet à deux forces opposées.

1. Les forces d'expulsion (centrifuges), qui font que les galaxies s'éloignent de nous. Shou représente cette force. Il symbolise la chaleur et l'air – un aspect masculin de l'univers en mouvement et en expansion.
2. La force (centripète) qui s'oppose aux forces d'expulsion est une force de contraction, qui rassemble les galaxies ensemble. Tefnout symbolise cette force de contraction – un aspect féminin de l'univers pour rassembler/réconcilier les choses – la Mère de l'Antre

Isis et Osiris sont le duo dynamique qui régulent l'action au sein de la bulle universelle qui contient toute la création.

Diodore de Sicile décrit le mieux les aspects les plus importants de cette dualité lorsqu'il écrit dans le Volume I :

> ***Isis et Osiris maintiennent, règlent l'Univers entier, prodiguant à la fois nourriture et accroissement en toutes choses… De plus, pratiquement toute la matière physique qui est essentielle à la génération de toutes choses est pourvue par ces deux neteru…***

Nous allons à présent montrer des manifestations de l'interaction entre les principes féminin et masculin d'Isis et Osiris, tel que la permanence du principe féminin, et le temporel, le changeant, le cyclique du principe masculin appliqués :

- **aux Principes Solaire et Lunaire**
- **aux quatre éléments de création**
- **au rôle sociétal d'Isis et Osiris.**

3.2 ISIS ET OSIRIS EN TANT QUE PRINCIPES SOLAIRE ET LUNAIRE

L'importance et l'interaction entre les principes solaire et lunaire sont symbolisées par le soleil et la lune.

Le soleil et la lune, parmi d'autres éléments reliés à Isis et Osiris, sont décrits en ces termes par Diodore de Sicile, dans son Livre I, 11. 5-6 :

> *Ces deux neteru (dieux), maintiennent, règlent l'Univers entier, prodiguant à la fois nourriture et accroissement en toutes choses...*

> *De plus, pratiquement toute la matière physique qui est essentielle à la génération de toutes choses est pourvue par ces deux neteru (dieux), Isis et Osiris, symbolisés par le soleil et la lune. Le soleil communiquant l'esprit et le feu, l'autre en leur fournissant la terre et l'eau, et toutes les deux en leur donnant l'air : ainsi tout naît et prend accroissement par les influences du soleil et de la lune ; et les cinq éléments que nous venons de nommer constituent le monde entier, comme la tête, les mains, les pieds et les autres parties du corps humain composent l'homme.*

Les déclarations de Diodore soulignent :

1. Le concept égyptien de neteru (dieux, déesses) comme forces de la nature et non comme personnages réels
2. L'importance des quatre éléments de création
3. Le fait que le corps humain est un univers miniature

Ainsi, le modèle archétypal des principes solaire et lunaire est basé sur le fait que tous les aspects de l'univers suivent ces critères d'un principe féminin, originel et permanent, et d'un principe masculin cyclique, changeant et mouvant. Le féminin est le soleil – la source d'énergie, et le masculin est la lune qui manifeste/reflète cette énergie dans l'univers.

3.3 ISIS ET OSIRIS ET LES QUATRE ÉLÉMENTS DE CRÉATION

Des quatre éléments de la création – terre, eau, air et feu, l'élément qui est solide et permanent est la terre.

Plusieurs des 10 000 noms d'Isis ont un lien avec son état de Terre Mère :

La Reine de la terre
Dame de la terre solide

Les quatre éléments du monde (eau, feu, terre et air) sont décrits par Plutarque dans ses Œuvres morales, volume V :

« Mais les plus éclairés d'entre les prêtres ne se contentent pas de dire qu'Osiris est le Nil, et que Typhon est la mer. Ils pensent qu'Osiris est le principe et la puissance d'où est formé l'humide, que c'est l'auteur de tout ce qui a vie, qu'il est l'essence des germes. Typhon, au contraire, est, selon eux, toute chaleur ignée, tout ce qui est sec, tout ce qui combat l'humide;

Comme le Nil, à leurs yeux, découle d'Osiris, de même ils sont convaincus que le corps d'Isis est la terre; non pas la terre tout entière, mais la partie que le Nil envahit en la fécondant et en se mêlant avec elle. C'est de cette union qu'ils font naître Horus. Horus n'est autre chose que la température et la disposition de l'air ambiant, grâce auquel toutes choses sont entretenues et nourries.

Les embûches dressées par Typhon et sa tyrannie ne représentaient rien autre chose que l'intensité de la sécheresse, laquelle neutralise et absorbe l'humidité qui donne naissance au Nil et produit ses débordements. »

Donc, alors qu'Isis, le principe divin féminin, représente la terre solide, les trois autres éléments sont des représentations du principe masculin changeant.

Osiris est l'eau — qui va et vient, qui s'élève lors des inondations et des marées, et qui descend lors des marées basses, et s'évapore complètement c'est-à-dire disparaît pour renaître dans un nouveau cycle.

Horus est l'air, mouvant, mobile, changeant. Il s'élève lorsqu'il est chaud et descend lorsqu'il refroidit.

Seth est le feu – en mouvement, causant sécheresse.

3.4 LE RÔLE SOCIÉTAL D'ISIS ET OSIRIS

Comme affirmé plus haut, Isis représente le soleil, et son époux Osiris représente la lune. La lumière de la lune (Osiris) est un reflet de la lumière du soleil (Isis).

Le système politico-social de l'Égypte ancienne respecte cette relation entre le soleil (féminin) et la lune (masculin). Par conséquent, ce contrat socio-politique était reflété par cette allégorie égyptienne d'Osiris, qui devint le pharaon d'Égypte grâce à son mariage avec Isis.

Isis, en égyptien, signifie siège/trône, c'est-à-dire l'autorité, et est le principe de légitimité. C'est pourquoi Isis est toujours représentée portant un trône sur sa tête. Isis ne représentait pas la femme derrière le trône mais le trône en lui-même.

Le trône d'Isis représente le principe de légitimité, en tant que principe basé sur le féminin. En Égypte, l'importance d'Isis en tant que trône/autorité/légitimité était à la base de l'adoption par l'Égypte du principe matrilinéaire et matriarcal dans leur société.

Le rôle du principe féminin Isis dans l'ordre sociétal est montré dans plusieurs de ses 10 000 noms, car elle est appelée parmi d'autres noms :

> *La Faiseuse de rois*
> *Qui délivre à un roi son rang, sans qui aucun roi ne peut exister*

Tout au long de l'histoire de l'Égypte, c'était la reine qui transmettait le sang solaire. La reine était la véritable souveraine, propriétaire, gardienne de la royauté et gardienne de la pureté de la lignée. L'homme qui épousait la princesse égyptienne aînée avait le droit de prétendre au trône. Par mariage, elle transmettait la couronne à son époux – qui agissait simplement en tant que son agent exécutif.

Les pharaons, de même que les dirigeants de petites localités, adhéraient à ce système. Si le pharaon/dirigeant n'avait pas de fille, une dynastie prenait fin et une autre commençait, avec une vierge nouvellement révérée en tant que nouvelle graine pour une nouvelle dynastie.

Les pratiques matrilinéaires s'appliquaient également à la société entière, comme le prouvent les stèles funéraires de toutes sortes de gens, sur lesquelles la coutume était de graver la descendance du côté de la mère de la personne décédée et non pas du côté du père. La mère de la personne est indiquée, mais pas le père, ou alors seulement incidemment. Cette tradition perdure encore secrètement parmi les Baladi égyptiens — la silencieuse majorité d'Égypte.

Même la langue anglaise, et pratiquement toutes les langues européennes, a le principe matrilinéaire dans ses mots structurés. Car le mot famille est étymologiquement centré autour du féminin, car le féminin est le cœur de la famille.

ISIS : LA VIERGE MÈRE DE « DIEU »

4.1 ALLÉGORIE ET HISTOIRE FICTIVE

Ce qu'on appelle aujourd'hui la religion chrétienne existait déjà en Égypte ancienne, bien avant l'adoption du Nouveau Testament. L'égyptologue britannique, Sir E. A. Wallis Budge, a écrit dans son ouvrage, *The Gods of the Egyptians* [1969] :

> *« La nouvelle religion (Christianisme), qui fut prêchée par saint Marc et ses successeurs immédiats, en tous fondamentaux, ressemblait de tellement près à celle qui était le résultat du culte d'Osiris, Isis et Horus. »*

Ces similarités, remarquées par Budge et quiconque ayant comparé l'allégorie égyptienne d'Osiris/Isis/Horus à l'histoire de la Bible, sont frappantes. Les deux histoires sont pratiquement identiques, par exemple, la conception surnaturelle, la naissance divine, les combats contre les forces ennemies dans le désert, et la résurrection d'entre les morts vers la vie éternelle. La principale différence entre les « deux versions » est que l'histoire de l'Évangile est considérée comme historique alors que le cycle d'Osiris/Isis/Horus est une allégorie.

Les allégories sont un choix délibéré pour véhiculer la connaissance. Elles donnent une tournure plus dramatique aux lois, aux principes, aux procédés, aux relations et aux fonctions cosmiques, et les expriment d'une manière facile à comprendre. Une fois que le sens profond des allégories est révélé, ces dernières deviennent des merveilles de complétude et de concision à la fois scientifique et philosophique. Plus elles font l'objet d'études, plus elles s'enrichissent. La « dimension profonde » des enseignements insérés dans chaque histoire les rend capables de révéler plusieurs niveaux de connaissance, en fonction du niveau de développement de l'auditeur. Les « secrets » sont révélés lorsqu'on s'élève. Plus on s'élève, plus on voit. C'est tout le temps présent.

Les anciens égyptiens ne croyaient pas que leurs allégories étaient des faits historiques. Ils croyaient EN elles, dans le sens où ils croyaient en la vérité qui se cachait derrière les histoires. Le vrai pouvoir de l'histoire/allégorie est de transformer la vie de chaque individu.

Les histoires bibliques ont complètement mutilé les anciennes allégories égyptiennes. La religion chrétienne a jeté et perdu le cœur même de leur sens quand elle a rendu, par des contresens, le langage allégorique des anciens égyptiens en des faits historiques supposés, au lieu de les considérer comme des allégories spirituelles. Le résultat fut une foi aveugle, pathétique, une sorte de supranaturalisme émotionnel et superstitieux, qui a eu pour effet d'annihiler le vrai pouvoir de l'histoire/allégorie qui était de transformer la vie de chaque individu.

4.2 MARIE ISIS

Tout au long des textes anciens égyptiens, Isis est appelée Marie Isis.

L'origine du mot Marie se trouve en ancienne Égypte, où son rendu graphique était MR (les voyelles a, i et e ont été ajoutées par les savants modernes pour rendre plus facile la prononciation de l'ancien langage) ce qui signifie *l'Aimée*.

Le terme Marie/Mery est l'un des mots les plus répétés dans les textes anciens égyptiens. Il était utilisé comme adjectif épithète devant les noms de personnes, de neteru (dieux, déesses), etc.

De la même façon, nous remarquons que le nom Marie est donné à de nombreuses femmes de la Bible.

Les deux femmes les plus proches de Jésus s'appelaient Marie, sa mère, et Marie de Magdala.

4.3 DIVINE ET IMMACULÉE CONCEPTION

Le concept de la naissance sans relations sexuelles du Messie trouve son origine en ancienne Égypte. On dit d'Isis qu'elle conçut son fils Horus après la mort de son époux Osiris.

La force cosmique responsable de sa fécondation était MeSSeH, l'étoile crocodile, selon l'incantation 148 du Texte des Sarcophages :

> *« L'étoile crocodile (MeSSeH) frappe... Isis se réveille enceinte de la semence d'Osiris — nommément Horus. »*

Le mot français Messie venait également de l'hébreu et de l'araméen Mashih, qui dans sa forme verbale, signifie oindre, donner l'onction. Ce mot est d'origine égyptienne, où MeSSeH [la lettre S est équivalente au sh en hébreu et en araméen] signifie le rituel d'onction des anciens rois égyptiens avec la graisse de crocodile, comme il était de tradition avec tous les rois de l'Égypte ancienne depuis au moins 2700 avant notre ère.

L'onction était un rituel de couronnement du roi égyptien. Ainsi, le Christ/Messie signifie l'oint, celui qui a reçu l'onction, celui qui est roi.

Qu'Isis ait été capable de concevoir sans avoir été fécondée par un homme, après la mort de son époux, faisait partie intégrante de l'histoire de l'Égypte ancienne depuis les temps les plus reculés.

La notion de Divine Conception est présente dans les plus anciennes découvertes mises à jour relatives à l'Égypte ancienne — datant d'il y a plus de 5 000 ans.

Le concept égyptien de Divine Conception affirme qu'il s'agissait d'une Immaculée Conception — Immaculée au sens de parfaitement propre et pure.

L'idéal de virginité et de pureté était un élément central des traditions de l'Égypte ancienne. Cet idéal était représenté par des femmes portant une coiffure de vautour.

Le vautour a été choisi pour ce rôle féminin particulier car :

1. Le vautour est censé être particulièrement zélé dans le soin qu'il apporte à ses petits
2. Il n'y a pas de contact sexuel physique entre le vautour mâle et la femelle. Celle-ci se féconde elle-même en s'exposant pour recevoir la semence portée par les vents. Le vautour est par conséquent un symbole de *naissance vierge*.

4.4 LA VIERGE MÈRE DE « DIEU »

La conception d'Horus par Isis sans aucun homme vivant est la plus ancienne version documentée de l'immaculée conception. Elle était toujours révérée en tant que **la Mère Vierge**.

Plusieurs de ses attributs dans les textes anciens égyptiens décrivent Isis comme :

> *« La mère de dieu.*
> *Dont le fils est le seigneur de la terre. »*

Le rôle d'Isis dans le récit du modèle égyptien et l'histoire de la Vierge Marie sont frappants par leur similitude, car toutes deux furent capables de concevoir sans fécondation mâle et en tant que telle, Isis était révérée comme la Mère Vierge.

La statue d'Isis et de son fils datant du VIe siècle avant notre ère, exposée à présent au musée de Turin, inspira le peintre du XVIe siècle Masaccio pour sa toile *Vierge à l'Enfant*. Cette image était largement diffusée dans les artefacts de l'Égypte ancienne. On peut facilement trouver une ou plusieurs de ces statues dans les musées à travers le monde.

4.5 MARIE ISIS ET LA FUITE EN ÉGYPTE

Dans l'allégorie égyptienne d'Isis, l'histoire raconte que lorsque le Malin — Seth — eut connaissance d'Horus, le nouveau-né, il conçut le plan de le tuer.

Apprenant que le tyran Seth arrivait, on dit à Isis d'emmener son fils en un lieu reculé dans les marais du delta du Nil.

Ce qui arriva à Isis est singulièrement comparable à l'histoire biblique dans laquelle Hérode, après avoir eu vent de la naissance du Jésus des Écritures, se mit à anéantir tous les héritiers mâles.

Dans le Nouveau Testament, l'Ange du Seigneur dit à Joseph : *« Lève-toi et emmène le jeune enfant et sa mère et fuyez en Égypte. »*

4.6 LE SACRIFICE DIVIN

En Égypte ancienne, la déesse Mère, Isis, eut un fils qui, sous la forme d'un bœuf, était sacrifié annuellement pour assurer le cycle des saisons et la continuité de la nature.

En ce qui concerne les pratiques actuelles, les auteurs de l'antiquité affirmaient que c'était la mère qui était choisie pour produire un veau aux qualités particulières — il était Le Bœuf de sa Mère — pour ainsi dire. Hérodote le décrit en ces termes :

> *« Apis, également appelé Épaphos, est un jeune bœuf dont la mère ne peut avoir d'autre descendance…. »*

Les connotations religieuses de ce sacrifice font écho au sacrifice du sacrement, où l'on nous rappelle que le Christ est mort pour sauver l'humanité. De fait, c'est un véritable drame religieux dans lequel, comme dans la Messe Catholique, un dieu est vénéré et sacrifié.

L'un des rituels les plus importants dans les fêtes annuelles de l'Égypte ancienne depuis les temps les plus anciens était le sacrifice rituel d'un taureau, qui représente le renouvellement des forces cosmiques par la mort et la résurrection de cette divinité bovine.

5

LA NUMÉROLOGIE D'ISIS ET OSIRIS

5.1 LES NOMBRES PREMIERS D'ISIS ET OSIRIS (2 & 3)

Dans le monde animé de l'Égypte ancienne, les nombres ne faisaient pas que désigner des quantités, ils étaient considérés comme les définitions concrètes des principes énergétiques et formateurs de la nature. Les Égyptiens appelaient ces principes énergétiques neteru (dieux, déesses).

Pour les Égyptiens, les nombres n'étaient pas seulement pairs ou impairs — ils étaient masculins et féminins. Chaque partie de l'univers était et est masculin ou féminin.

Les Égyptiens démontraient leur connaissance de la mystique des nombres dans tous les aspects de leur vie. Les preuves que l'Égypte possédait cette connaissance sont évidentes.

Les deux nombres premiers dans l'univers sont ceux d'Isis et Osiris, s'agissant des nombres 2 et 3, ainsi que la description que Plutarque fait du triangle 3 :4 :5 : dans ses Œuvres morales, Volume V :

> *« [Il faut donc concevoir] "que le côté de l'angle droit peut être comparé au masculin, que la base du triangle représente le féminin, et que l'hypoténuse est l'enfant des deux ; qu'ainsi Osiris est l'origine, qu'Isis en reçoit les influences, et que Horus est le résultat parfait [de l'opération].*

La vitalité et les interactions entre ces nombres montrent comment ils sont masculin et féminin, actif et passif, vertical et horizontal, etc.

Pour les Égyptiens, un était non pas un nombre, mais l'essence du principe sous-jacent du nombre, tous les autres nombres étant formés à partir de lui.

Isis est le nombre 2 [le carré de deux est quatre] — féminin — pair — base — etc.

Osiris est le nombre 3 — masculin — impair — droit — etc.

Horus est le nombre cinq qui est le résultat combiné [la descendance] des nombres 2 et 3.

Deux symbolise le pouvoir de multiplicité — le féminin, le réceptacle mutable, alors que trois symbolise le masculin. Ceci était la musique des sphères — les harmonies universelles qui se jouent entre ces deux symboles universels primaux masculin et féminin d'Isis et Osiris, dont le mariage céleste produisit l'enfant Horus, le nombre cinq.

Tous les phénomènes sans exception sont polaires dans leur nature, et triples dans leur principe. En conséquence, cinq est la clé pour comprendre l'univers manifesté, que Plutarque expliqua dans le contexte égyptien :

5.2 LES NOMBRES PREMIERS GÉNÉRANT LES FORMES

Des racines de Deux, Trois et Cinq, on peut dériver toutes les proportions et les relations harmoniques. L'interaction de ces proportions et relations commande les formes de toute matière, organique et non organique, et tous les processus et les séquences de croissance.

Le rôle d'une racine dans une plante joue exactement le même rôle, a exactement la même fonction que celle de la racine en géométrie. La racine d'une plante assimile, génère et transforme les énergies au reste de la plante.

De la même façon, la racine géométrique est une expression archétypale de fonction et de processus assimilateur, générateur, transformateur, alors que les nombres entiers, fixes, sont les structures qui émergent pour construire sur ces principes de processus.

La conception basée sur les triangles rectangles est appelé conception dynamique génératrice, que les Égyptiens pratiquèrent pendant au moins 4 500 ans. Les trois racines sacrées de Trois, Quatre et Cinq sont tout ce qui est nécessaire pour construire les cinq solides cosmiques [tétraèdre, hexaèdre, octaèdre, icosaèdre et dodécaèdre], qui sont à la base de tous les formes volumétriques, dans lesquelles tous les bords et tous les angles internes sont égaux.

La séquence de création numérique d'Isis, suivie par Osiris, suivi par Horus est 2, 3, 5…

C'est une série progressive dans laquelle vous commencez par les deux nombres premiers du système de l'Égypte ancienne, à savoir 2 et 3. Vous ajoutez ensuite leur total au nombre précédent et ainsi de suite — chaque nombre est la somme des deux précédents. La série serait donc :

2

3

5 (3+2)

8 (5+3)

13 (8+5)

21 (13+8)

34 (21+13)

55 (34+21)

89, 144, 233, 377, 610, ...

La Série d'Additions est reflétée partout dans la nature. Le nombre de graines dans un tournesol, les pétales de chaque fleur, la disposition dans les pommes de pin, le schéma de croissance d'une coquille de nautile, etc. — tous ces exemples suivent le même modèle de cette série.

[Pour de plus amples informations au sujet de cette Série d'Additions et son utilisation dans l'Égypte ancienne pendant au moins 4500 ans, veuillez consulter *L'Architecture Métaphysique des Anciens Égyptiens* de Moustafa Gadalla.]

5.3 LA DYNAMO MUSICALE

Pour les Égyptiens, Isis et Osiris régentaient la musique des Sphères. Les harmonies universelles se jouent entre ces deux principes masculin et féminin, symboles universels d'Isis et Osiris, dont l'union céleste produisit le fils, Horus.

Musicalement, le rapport/la relation de (deux-tiers) 2:3 sur la corde qui vibre et sur le clavier détermine la vibration de la Quinte Parfaite (Quinte Juste), couvrant les 5 intervalles.

Sur un monocorde, le son de la Quinte naturelle est produit lorsque la corde est maintenue au point où la corde est divisée en ses deux tiers.

L'intervalle de la Quinte permet la plus puissante harmonie possible entre deux sons différents. C'est le premier intervalle harmonique, auquel tous les autres intervalles sont reliés.

Plutarque a mis l'accent sur l'importance de la Quinte pour les Égyptiens dans ses Œuvres morales, Volume V :

> *Et panta (tout) est un dérivé de pente (cinq) et ils [les Égyptiens]parlent de compter comme "compter de cinq en cinq"*

Les Égyptiens anciens comptaient de cinq en cinq et la plus forte progression, et aussi la plus naturelle d'une harmonie à l'autre, est le résultat d'un tel développement.

Toutes les gammes musicales sont le produit de la progression de la Quinte. La forme/relation de cette première consonance est la première Quinte établie par l'union céleste d'Isis et Osiris. À leur tour, ils devinrent un modèle à former, par une succession de relations similaires, dans une progression géométrique.

La progression harmonique suivant le cycle de Quintes Parfaites est la plus naturelle, et une succession d'harmonies qui ne lui sont pas en rapport, a un caractère de délai ou de suspension de cette progression naturelle. À partir d'une Quinte donnée découle tout le système musical, qui, naturellement, doit être en rapport avec la première. On ne touchait pas à cette proportion et on ne la remplaçait pas non plus par une autre.

[Pour plus d'informations détaillées, veuillez consulter *Instruments de musique égyptiens* de Moustafa Gadalla.]

5.4 LES RYTHMES BINAIRE ET TERNAIRE UNIVERSELS

Les chiffres 2 et 3 sont liés au rythme naturel de respiration. Lorsqu'une personne dort d'un sommeil paisible, le temps entre expiration et inspiration est deux fois plus long que celui entre inhalation et exhalaison. C'est le concept qu'on retrouve dans toutes les formes musicales. Ce qui rentre et ce qui sort, l'alternance entre tension et relâchement, régit toutes les autres manifestations.

De plus, pratiquement toute organisation rythmique est basée sur l'un de ces deux schémas généraux : le schéma binaire défini par un temps fort alternant avec un temps faible ou le schéma ternaire défini par un temps fort suivi de deux temps faibles. L'un ou l'autre est toujours à la base du cadre rythmique de n'importe quelle composition. Le rythme binaire ou ternaire de base est connu sous le terme de rythme fondamental.

Les subdivisions de ce rythme qui apparaissent dans le cadre général sont appelées rythme subsidiaire. [Pour plus de détails, consulter l'ouvrage *Instruments de musique égyptiens* de Moustafa Gadalla.]

6

LA MULTITUDE DES ATTRIBUTS D'ISIS

ISIS AUX 10 000 NOMS OU ATTRIBUTS

Le principe divin féminin d'Isis se manifeste dans de nombreux attributs féminins apparentés et c'est pourquoi les anciens Égyptiens l'appelaient Isis aux 10 000 noms (ce qui veut dire attributs). C'est ce qu'affirme Plutarque quand il écrit dans ses Œuvres morales Volume V :

> *« ...parce qu'à cause de la force de raison, Isis se change elle-même en ceci ou en cela et peut recevoir toutes sortes de formes. »*

Puisque Isis est le principe féminin universel, elle se manifeste sous diverses formes. C'est pourquoi elle est décrite dans les textes anciens égyptiens comme suit :

> *« Isis aux 10 000 noms [signifiant attributs] »*

> *« Celle aux nombreux noms »*

Nous présentons ici plusieurs manifestations diverses du principe féminin dans ses divers attributs, tels que :

1- Maat
2- Seshat
3- Net [Neith]
4- Nout—Firmament

5- Nephtys

6- Satet

7- Ta-ouret

8- Mout

9- Sekh-mout—la Mère de la Tanière

10- Bast—Le Chat Docile

11- Qadesh

12- Héqet

13- Serket

14- Anat

15- Hathor—Vénus – Mérit – Astarté

<u>>> À noter que la version digitale de ce livre en formats PDF et E-book contient un grand nombre de photos qui viennent compléter la lecture du livre.</u>

6.1 MAAT

Maat est une des manifestations du principe féminin de l'univers. Isis dans son attribut en tant que Maat représente le modèle d'harmonie cosmique, d'ordre, de mesure et d'équilibre.

Maat est habituellement représentée par une femme portant une coiffe avec une plume d'autruche.

Le concept de Ma-at imprègne tous les écrits des textes anciens égyptiens, depuis les premiers temps et à travers toute l'histoire de l'Égypte. C'est le concept par lequel non seulement l'humanité mais également toutes les forces de l'univers sont gouvernées. Ma-at signifie harmonie, mesure et équilibre entre toutes les forces cosmiques de l'univers.

Pourtant, traduire Ma-at n'est pas chose si aisée, et la définir par un seul mot non plus. Fondamentalement, nous pourrions dire que le terme signifie ce qui, de droit, devrait être ; ce qui est, selon l'ordre correct et l'harmonie du cosmos et des neteru (dieux, déesses) et des hommes, qui en font partie.

En termes applicables aux humains, Ma-at représente la chose juste à faire. On pourrait comparer Ma-at au concept oriental de *karma* et au concept occidental de *sens commun*.

Ma-at représente le concept abstrait d'ordre, de justice, de vérité, de droiture, et de tout ce qui est juste, dans leurs formes les plus pures.

Ma-at est l'idéal de l'équilibre : des choses fonctionnant comme elles le devraient. Sans Ma-at règne le chaos, incontrôlé et la possibilité de créer l'ordre est perdue pour toujours. C'est-à-dire que Ma-at incarne l'ordre à son niveau le plus abstrait — ce qui est la cause de l'existence de tout et de la continuité de cette existence.

L'application du principe de Ma-at s'étend à chaque aspect de la vie en Égypte. En tant que modèle d'harmonie cosmique, d'ordre, de mesure, d'équilibre, Ma-at est associée à de nombreuses fonctions. Nous mentionnerons ici brièvement certaines de ces applications :

A. Le rôle cosmique de Maat dans :

    i- La planification de la pré-création
    ii- La double nature de la création
    iii- Le plan ordonné de création

B. Maat et le Voyage sur Terre dans :

    i- Les activités quotidiennes et rituels du Temple
    ii- Les lois harmoniques de la musique
    iii- L'ordre sociétal
    iv- La voie spirituelle
    v- La justice pour tous — Sur Terre et Au-Delà

6.1.A. Le rôle cosmique de Maat

Ma-at est la netert (déesse) qui représente le principe d'ordre cosmique. Le concept par lequel non seulement les hommes mais aussi les neteru (dieux) eux-mêmes étaient régis et sans lequel les neteru (dieux) n'ont plus de fonction.

Nous mentionnerons ici brièvement certaines de ces applications :

Le Rôle Cosmique de Maat dans :

    i- La planification de la pré-création
    ii- La double nature de la création
    iii- Le plan ordonné de création

<u>i-Maat dans la planification de la pré-création</u>

Pour les habitants de l'Égypte, profondément religieux, la création de l'univers ne fut pas seulement l'avènement d'un événement physique (le Big Bang). L'explosion (le Big Bang) qui conduisit à la création de l'univers fut un événement pré-planifié et ordonné — contrairement aux autres explosions à caractère désordonné et aléatoire.

Ainsi, pouvons-nous lire dans le Livre de la Connaissance des Créations de Rê et de la Victoire d'Apep (Apophis), connu sous le nom de Papyrus Bremner-Rhind :

« Je n'avais point encore trouvé un endroit où je pourrais me

tenir. Je conçus le Plan Divin de Loi et d'Ordre (Maa) pour faire toutes les formes. J'étais seul... »

Tous les textes égyptiens mettent l'accent encore et toujours sur le fait que le concept et les détails de la création furent pré-planifiés selon une forme ordonnée avant même que la création n'ait lieu.

ii-La double nature de la création – Maati

Le monde, tel que nous le connaissons, est maintenu ensemble par une loi basée sur la double nature équilibrée de toutes choses (entièretés, unités). Chaque paire représente un aspect différent du même principe fondamental de polarité. Et chaque aspect participe de la nature de l'unité et de la nature de la dualité.

Les Égyptiens percevaient l'univers en termes de dualité entre Ma-at — Vérité et Ordre — et désordre. La création du cosmos fut requise à partir d'un chaos indifférencié, en distinguant les deux, en donnant voix à l'ultime idéal de Vérité. Ma-at, comme représentée ici [tout en haut à droite] est couramment représentée sous sa forme double — Maati.

iii-Le processus ordonné de création

Le papyrus en ancien égyptien, connu sous le nom de Papyrus de Bremner-Rhind, nous informe qu'avant que la création n'ait lieu, le maître de l'univers conçu le Plan Divin de Loi ou Ordre pour créer toutes les formes :

> *Je conçus dans mon propre cœur ; là vinrent à l'existence un grand nombre de formes d'êtres divins sous la forme de [ma] descendance et de la forme de leur descendance.* »

En les termes les plus simples, le texte égyptien nous dit que le monde créé est fondamentalement une hiérarchie d'énergies. Cette hiérarchie implique un lien étroit et chaque niveau est supporté par le niveau d'en-dessous.

Cette hiérarchie des énergies est soigneusement insérée dans une vaste matrice de lois naturelles, en profonde interface — représentées sous la forme de *"descendance et de la forme de leur descendance"*.

6.1.B. Maat et le Voyage sur Terre

> i- Les activités quotidiennes et rituels du Temple
> ii- Les lois harmoniques de la musique
> iii- L'ordre sociétal
> iv- La voie spirituelle
> v- La justice pour tous — Sur Terre et Au-Delà

i-Les activités quotidiennes et rituels du Temple

En tant que modèle d'harmonie cosmique, d'ordre, de mesure, d'équilibre, Ma-at est associée à de nombreuses fonctions. Toutes les activités de la vie égyptienne, y compris la construction de temples, étaient des activités consacrées à la préservation de Ma-at.

Les rituels du temple étaient basés sur et coordonnés avec les mouvements célestes, qui étaient à leur tour les manifestations de la loi cosmique divine.

ii-Ma-at gouverne les lois harmoniques de la musique

En tant que modèle d'harmonie cosmique, d'ordre, d'équilibre, Ma-at est associée à de nombreuses fonctions comme les lois harmoniques de la musique.

En musique, tout n'est qu'affaire d'équilibre. Préserver Ma-at c'est maintenir l'harmonie, la mesure, l'équilibre en toute chose — y compris la musique. On trouve des représentations de Ma-at "décorant" de nombreux instruments de musique égyptiens.

On appelait musiciens/prêtres de Ma-at les experts dans le domaine musical et on appelait/appelle encore *Mizan* — qui signifie mesure/équilibre l'enseignement de la pratique instrumentale.

L'harmonie se caractérise par un sens indéniable d' "équilibre", un état dans lequel les forces positives et négatives s'équilibrent. Ma-at est d'ailleurs souvent représentée aux côtés d'une balance.

Le monde tel que nous le connaissons est maintenu ensemble par une loi basée sur la double nature équilibrée de toutes choses (intégralités, unités). L'équilibre est le fait de deux opposés complémentaires. On représente d'habitude Ma-at à côté d'une ancienne balance égyptienne caractéristique — comportant deux poids inégaux — requérant par conséquent l'équilibre d'une masse, d'un curseur, autrement dit d'un fil à plomb. Ce "fil à plomb"/curseur détermine la verticalité et régit l'équilibre des plateaux de la balance. Les scènes de pesée montrent qu'il est nécessaire de stabiliser cette masse, ce fil à plomb, qui, sinon, continuerait d'osciller.

Le terme en ancien égyptien pour oscillation, ivresse et fil à plomb est *tkh*.

Le fil à plomb, *tkh*, prend très souvent la forme d'un cœur, ou *ib,
le Danseur*. Le battement du cœur nous fournit une mesure du
temps pratique.

iii – Maat, l'ordre sociétal

Ma-at est liée à l'harmonie et à la relation ordonnée de la société.

Pour atteindre la parfaite harmonie universelle, la structure
sociale doit refléter cette même hiérarchie ordonnée, celle de
l'univers créé.

La survie de l'homme et son succès requièrent que la même
structure ordonnée soit maintenue.

Ce qui est en haut est comme ce qui est en bas, c'est-à-dire appli-
quer et suivre en bas ce qui est en application en haut est le seul
moyen d'atteindre ordre et harmonie.

Le système matriarcal, comme manifestation sociale des lois pla-
nétaires, était à la base de l'organisation sociale de l'Égypte
ancienne, comme nous l'avons expliqué précédemment dans le
chapitre 3.

iv – Maat, la voie spirituelle

En tant que modèle d'harmonie cosmique, d'ordre, d'équilibre,
Ma-at représente la Voie Spirituelle que chaque individu doit
emprunter.

Ma-at est maintenue dans le monde par les actions justes et la piété personnelle de ses adeptes. L'objectif ultime de l'homme terrestre est de développer sa conscience jusqu'au niveau absolu de perfection ; ce qui signifie atteindre l'accord parfait, l'harmonie parfaite avec la nature.

Ma-at représente la Voie Spirituelle que chaque individu doit emprunter. Le modèle égyptien reconnaît le caractère unique de chaque individu et en tant que tel, reconnaît que les voies menant au divin sont aussi nombreuses que ceux qui empruntent ces voies. Les chemins menant vers le divin sont comme les ruisseaux, qui mènent tous à une même source.

Les anciens Égyptiens mettaient en pratique leurs croyances en l'individualité dans tous leurs textes. Ainsi, il n'y avait jamais deux textes identiques de transformation (funéraires) ou médicaux (prétendument "magiques") pour deux individus. Chacun doit vivre sa vie et chacun d'entre nous doit suivre sa voie, avec Ma-at pour guide.

L'ancienne religion égyptienne n'est pas affaire de dogme ou de credo, mais plutôt de contrat personnel. Chacun d'entre nous est un individu. Chacun doit vivre sa vie et chacun d'entre nous doit suivre sa voie, guidé(e) par Ma-at.

Ma-at, qui est La Voie, comprend les vertus, les buts et les devoirs qui définissent les relations sociales et les comportements personnels sinon parfaits, du moins acceptables. Ma-at est maintenue dans le monde par les actions justes et la piété personnelle de ses adeptes.

L'antique sagesse égyptienne a toujours insisté sur l'importance de cultiver comportement éthique et service envers la société. Un thème que l'on trouvait constamment dans la littérature de la sagesse égyptienne était la représentation en acte de la Vérité — Maa-Kheru — sur terre. La conduite attendue et les idées de responsabilité et de rétribution étaient exprimées dans plusieurs compositions littéraires auxquelles on se réfère souvent sous le terme de textes de sagesse.

Il y avait d'autres textes de sagesse d'instructions systématiques pratiques, composées de maximes et de préceptes.

[Pour plus d'informations concernant la voie spirituelle, veuillez lire le livre *Mystiques Égyptiens : Chercheurs de la Voie* de Moustafa Gadalla.]

v – Maat, la justice – à la fois sur Terre et Au-Delà

En tant que modèle d'harmonie cosmique, d'ordre, d'équilibre, Ma-at est associée à de nombreuses fonctions comme l'administration de la justice — à la fois sur Terre et dans l'au-delà.

Ma-at est la représentation égyptienne de la Justice. Notre symbole moderne en tant qu'allégorie personnifiée de la justice est une femme aux yeux bandés et tenant une balance. Ce symbolisme provient en droite ligne de Ma-at — le symbole de la justice en Égypte ancienne — une femme aux yeux bandés. On représente Ma-at, la justice, *"ayant les yeux clos"* afin d'assurer une justice égale pour tous.

On représente souvent Ma-at deux fois, les deux aspects représentant les deux côtés opposés d'un litige, puisque la balance de la justice ne peut trouver son équilibre qu'avec l'égalité des forces qui s'opposent.

Le Jugement Dernier est rendu dans ce que les Égyptiens appellent le Hall des deux Maati.

La personnification égyptienne de la justice est dépeinte sous les traits d'une femme avec son symbole, la plume d'autruche fichée sur sa tête et tenant l'emblème de la vérité, pour accentuer le concept le plus important de la justice : la recherche de La vérité. Le symbole de Ma-at est la plume de vérité/d'autruche utilisée dans la balance de justice.

Comme Diodore de Sicile en a attesté, les juges de haut rang en ancienne Égypte étaient appelés prêtres de Ma-at et le juge en chef portait une petite image de Ma-at autour du cou en tant qu'insigne officiel de sa fonction.

L'objectif ultime de l'homme terrestre est de développer sa conscience jusqu'au niveau absolu de perfection ; ce qui signifie atteindre l'accord parfait, l'harmonie parfaite avec la nature. Cela était symbolisé dans certaines tombes égyptiennes par l'âme du défunt récitant les 42 Confessions Négatives, le Jour du Jugement de l'Âme, devant les 42 jurés/neteru. La personne qui passait l'épreuve avec succès était déclarée Saine par le Grand Jury, comme Maa Kheru — Juste de Voix.

L'âme du défunt est conduite dans le Hall du Jugement de la Double Ma-at. Elle est double puisque la balance ne peut trouver son équilibre qu'avec l'égalité des forces qui s'opposent. Le symbole de Ma-at est la plume d'autruche qui représente le jugement ou la vérité. Sa plume est d'habitude figurée montée sur la balance.

Le cœur, comme métaphore de la conscience est pesé contre la plume de vérité, ce qui déterminera le destin du défunt.

[Pour plus d'informations au sujet de la vie après la terre, nous vous conseillons le livre *Cosmologie Égyptienne, L'Univers Animé, Troisième Édition* de Moustafa Gadalla]

6.2 SESHAT

Seshat est une autre des manifestations du rôle d'Isis en tant que Divin Intellect. Seshat représente la capacité d'organisation à tenir des registres — connaissance, information, etc. [représentée ci-après, tout à gauche du registre du milieu].

Seshat est dépeinte avec le stylet de roseau (ou calame) et la palette enregistrant les actes dans l'éternité, l'espace c'est-à-dire la mémoire.

Seshat (ou Sefekht — qui signifie sept) est habituellement représentée vêtue d'une peau de panthère — qui dénote son pouvoir primordial — et une fleur à sept pétales sur la tête.

On mentionne Seshat comme étant : *Celle qui Énumère, la Dame des Écritures, la Scribe, la Maîtresse de la Maison des Livres Divins (Archives), la Dame des Bâtisseurs,* etc.

On la voit couramment sur les temples dans des scènes représentant la pose de la première pierre d'un nouveau temple. À cet égard, on lui donne l'appellation de *Dame des Bâtisseurs.*

Seshat est étroitement liée à Thoth et on la considère comme son homologue féminin.

En tant que gardienne des écrits, on la voit souvent représentée en train de prendre des notes, dans des scènes de l'Arbre de Vie.

6.3 NET [NEITH]

Net est une autre des manifestations du rôle d'Isis en tant que Divin Intellect en mettant en place des motifs harmonieux.

Dans un tel rôle, elle est connue sous le nom de Net ou Neith représentant le processus divin de mise en place de motifs harmonieux — comme le symbolise l'action de tisser.

Quelques-uns des 10 000 attributs d'Isis la désignent comme la :

> *Dame de la Navette*
> *Isis... Tisserande et Fouleuse*

On représente Net [Neith] portant deux flèches entrecroisées. Elle porte une navette à tisser sur sa coiffe. Le tissage se fait par croisement des nerfs et des fibres. Ce sont ces deux directions de croisement que représentent les deux flèches.

Net [Neith] représente la capacité à réaliser un motif par tissage ou à déterminer un modèle de comportement applicable à quelqu'un ou à quelque chose.

Net [Neith] est aussi, et ce n'est pas une coïncidence, l'une des quatre protectrices des vases canopes. Elle protège le vase contenant l'estomac, qui est le lieu de la transformation et de la digestion — au sens physique et métaphysique.

6.4 NOUT – FIRMAMENT

Dans son rôle de Firmament, Isis prend la forme de Nout.

Nout y est associée à travers de nombreuses fonctions, telles que :

A. Le Firmament du Ciel

B. Nout et Geb – La Sphère Céleste

C. Nout La Voûte Céleste Étoilée en lien avec :

– le soleil, la lune, les principes solaire et lunaire
– le cycle zodiacal

D. Nout l'Esprit du Ciel ; qui est présente dans :

– les cercueils et leurs couvercles
– les chambres funéraires
– La Nourriture de l'Arbre de Vie et la Renaissance

6.4.A. Le Firmament du Ciel

Le firmament en tant que ciel est décrit dans l'Égypte ancienne comme le ciel, perçu de façon poétique comme une arche solide ou une voûte. Les anciens écrits égyptiens décrivent Isis comme la :

Reine du Ciel
Reine du Firmament

Dans son rôle de firmament, Isis prend la forme de Nout.

Nout est représentée sous différentes formes, mais souvent sous les traits d'une femme nue, le corps en forme d'arche au-dessus des cieux, en train d'avaler le soleil du soir et de donner naissance au soleil du matin. Le soleil nouveau est souvent représenté sous sa forme de scarabée.

Nout représente le ciel comme matrice de tout — la source cosmique de nourriture.

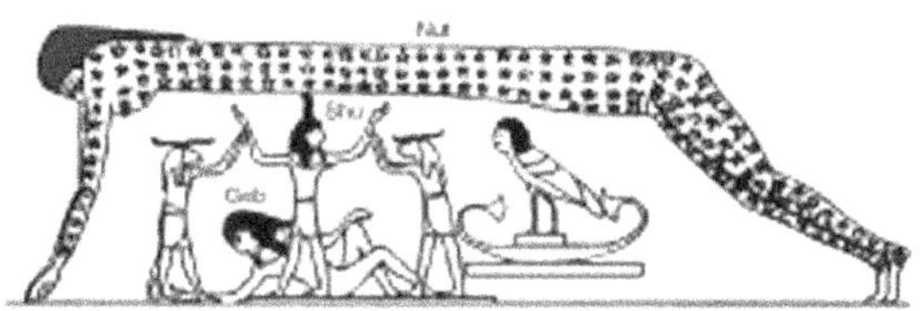

6.4.B Nout et Geb – La Sphère Céleste

La dualité est la manifestation naturelle de la création. Nout, en tant que principe féminin, a donc une contrepartie, un partenaire masculin qui est son reflet. Son compagnon est Geb. Geb représente les aspects matériels/physiques de l'univers.

Geb est représenté par un homme avec une oie au-dessus de lui. Cette représentation est à l'origine de l'idée de l'oie qui pondait l'œuf d'or — duquel le monde a éclos.

En des termes scientifiques, l'œuf est la sphère céleste — la bulle universelle contenant toute la création.

Dans cette sphère céleste, Geb représente le monde phénoménal ou physique et Nout représente le monde nouménal ou métaphysique.

6.4.C. Nout La Voûte Céleste Étoilée

Étonnamment, dans le premier livre de la Genèse, nous pouvons lire :

"Et Dieu dit : « Qu'il y ait des luminaires au firmament du ciel.»"

Le Livre de la Genèse I, 14 dit :

> *"Et Dieu dit : « Qu'il y ait des luminaires au firmament du ciel, pour séparer le jour de la nuit ; qu'ils servent de signes pour marquer les fêtes, les jours et les années »"*

L'implication, ici, est que les changements observés dans le ciel sont en corrélation avec les changements terrestres — comme les changements de saisons.

La nature cyclique de l'univers — dans son entier ou ses parties — est un thème cohérent et récurrent des textes en ancien égyptien.

Nout est représentée arquée au-dessus des cieux, en train d'avaler le soleil du soir et de donner naissance au soleil du matin. Le soleil nouveau est souvent représenté sous sa forme de scarabée — un nouveau commencement — une renaissance.

Un des 10 000 attributs d'Isis la décrit comme :

> **La Reine des Étoiles du Décan**

Le Livre de la Genèse I, 16-17 nous dit:

> *16: Dieu fit les deux grands luminaires : le plus grand pour commander au jour, le plus petit pour commander à la nuit ; il fit aussi les étoiles.*
> *17: Dieu les plaça au firmament du ciel pour éclairer la terre...*

Le chapitre 16 de la Genèse fait référence à la création du *"grand luminaire"* du jour et du *"petit luminaire"* de la nuit. La référence au soleil et à la lune est ici totalement explicite.

Dans le modèle égyptien, Isis représente le soleil et Osiris représente la lune. Pour les Égyptiens, le soleil et la lune fournissent bien plus que de la lumière durant le jour et la nuit. Voici à quel point ils sont importants pour la création et le maintien de l'univers ainsi que le pressentait Diodore de Sicile dans son Livre Premier, [11. 5-6] :

> *Ces deux neteru (dieux) — Isis et Osiris — qui, selon eux, gouvernent l'univers entier, et qui nourrissent et développent toutes choses...*

Ensuite, Diodore explique le raisonnement des anciens Égyptiens pour l'importance du soleil et de la lune sur la création universelle comme suit :

> *De plus, ces deux neteru (divinités), Isis et Osiris — symbolises par le soleil et la lune — contribuent à la génération de toutes choses, en fournissant toute matière physique nécessaire ; le soleil en leur communiquant l'élément feu et l'esprit, la lune en leur fournissant la terre et l'eau, et tous deux en leur donnant l'air; et c'est grâce à ces éléments que toutes les choses naissent et croissent.*
>
> *C'est ainsi [par les influences] du soleil et de la lune que le corps physique de l'univers est achevé dans sa totalité ; et en ce qui concerne les cinq éléments de ces corps que nous venons de nommer – l'esprit, le feu, la terre ainsi que l'eau et finalement l'air – de la même façon que la tête, les mains, les pieds et les autres parties le corps humain composent le corps humain, c'est de la même façon que ces cinq éléments constituent le monde entier.*

La fin du Livre de la Genèse I, 16 fait référence à la création des étoiles :

> *16: Dieu fit les deux grands luminaires : le plus grand pour commander au jour, le plus petit pour commander à la nuit ; il fit aussi les étoiles.*
> *17: Dieu les plaça au firmament du ciel pour éclairer la terre*

Pour les Égyptiens anciens, les étoiles ont bien plus d'importance et ne servent pas qu'à *"éclairer la terre"*.

Nout l'égyptienne est toujours associée aux constellations du ciel. Les signes du zodiaque, que l'on rencontre dans les tombes et les temples égyptiens plusieurs siècles avant la période grecque, sont particulièrement visibles.

[Pour de plus amples informations sur l'astronomie et les signes du zodiaque, veuillez consulter le livre *La culture de l'Égypte antique révélée* de Moustafa Gadalla.]

6.4.D. Nout l'Esprit du Ciel

Nout en tant qu'esprit du ciel est représentée bien en évidence dans les dernières demeures des anciens Égyptiens, comme sur les parois des chambres funéraires, les cercueils et leurs couvercles.

Et ici dans les chambres funéraires.

En tant que mère nourricière et esprit du ciel, Nout jaillit de l'arbre de vie pour offrir aux âmes des défunts l'éternelle nourriture métaphysique.

6.5 NEPHTYS — SŒUR JUMELLE D'ISIS

Dans le chapitre 2, nous avons parlé de Nephtys en tant que double aspect universel d'Isis. Nous allons livrer à présent plus d'informations sur Nephtys seule.

Le nom égyptien de Nephtys est **Nebt-Het**, ce qui signifie dorée/ la plus noble/maîtresse (**Nebt**), de l'endroit/la maison (**Het**).

Nephtys est dépeinte sous les traits d'une femme portant sur sa tête les symboles que l'on utilise pour lire son nom.

Nephtys est une des quatre protectrices des vases canopes.

Elle protège le vase contenant les poumons.

Isis veille sur le foie.

Serket veille sur les intestins.

Net (Neith) veille sur l'estomac.

6.6 SATET

Satet (Satis) est l'un des attributs d'Isis en tant qu'Origine. Dans cette fonction de point de départ de l'Espace et du Temps, Satet (Satis) est associée à Sabt (Sirius/Sothis) — l'étoile d'Isis qui inaugurait, en ancienne Égypte, le début de la Nouvelle Année Sothiaque et la saison des crues du Nil.

Satis est représentée par une femme coiffée de la couronne blanche avec deux cornes d'antilope.

Dans plusieurs de ses attributs, on décrit Isis comme :

Sothis, qui ouvre la Nouvelle Année
La dame du commencement de l'année

[Pour plus d'informations concernant l'astronomie en Égypte ancienne, nous recommandons la lecture du livre de Moustafa Gadalla : *La culture de l'Égypte antique révélée*].

6.7 TA-OURET

Dans sa fonction de Divine Mère Enceinte, on associe Isis à Ta-ouret.

Ta-ouret ou Thouéris est également connue sous les noms de Apt et Shepout.

Ses titres usuels sont *"maîtresse des neteru* (dieux, déesses)" et *"porteuse des neteru* (dieux, déesses)". Ta-ouret est donc la Sainte patronne des enfants et de la maternité dans le royaume ter-restre. Elle incarne la Sage-femme par excellence — sur le plan physique comme sur le plan métaphysique.

Ta-ouret a l'apparence d'un hippopotame dressé verticalement sur ses pattes postérieures, avec les seins tombant, des pattes antérieures de lion et une queue de crocodile.

On retrouve Ta-ouret au début de chaque cycle — comme celui du zodiaque — dans de nombreuses représentations datant d'avant la période grecque.

Ta-ouret ou Apt/Opt — Apet/Opet font aussi référence à Ta-ouret.

Sous sa forme d'Ipet/Opet/Apet, Ta-ouret joue un rôle crucial dans le plus grand temple d'Égypte, à savoir le complexe religieux de Karnak à Ta-**Apet** (Thèbes/aujourd'hui Louxor).

Le nom en égyptien ancien du temple de Karnak lui-même est **Apet**-sout, ce qui signifie *Celle qui Énumère les Endroits*.

Le plan et le dénombrement dans ce temple, vont de pair avec les codes numériques de création et de croissance. [On trouvera les principes et les applications de tels codes numériques et géométriques dans le livre *L'Architecture Métaphysique des Anciens Égyptiens* de Moustafa Gadalla.]

Une des fêtes religieuses les plus importantes à Louxor, depuis les temps les plus anciens, était la fête d'**Apet**.

Lorsque l'on sait que le nom authentique en égyptien ancien de Louxor est **Ta-Apet**, il est inutile d'en dire davantage.

6.8 MOUT

Les textes anciens égyptiens se réfèrent à Isis dans son rôle de mère divine comme étant

La mère du neter (dieu) — c'est-à-dire Horus.

Mout, à qui on se réfère dans une telle fonction, représente le principe de maternité dans sa plus pure abstraction.

Le terme Mout a des liens linguistiques avec les nombreux mots désignant la mère et commençant avec le même son dans de nombreuses langues différentes.

On représente habituellement Mout sous la forme d'une femme, avec le corps d'un vautour si habilement intégré à sa propre tête qu'il passe pour une coiffure. Parfois, Mout est représentée les bras étendus, ailés et couverts de plumes.

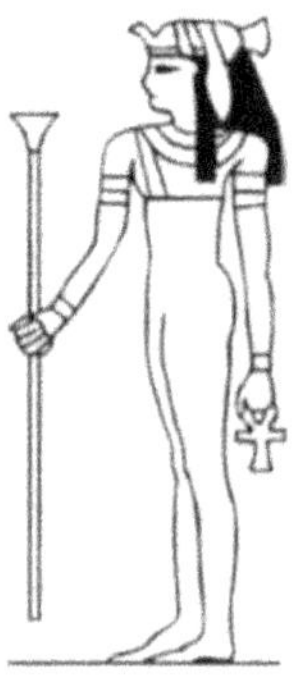

Les raisons pour lesquelles le vautour a été choisi pour incarner ce rôle féminin particulier sont :

1 – Le vautour est censé être particulièrement zélé dans le soin qu'il apporte à ses petits

2 – Il n'y a pas de contact sexuel physique entre le mâle et la femelle vautours. La femelle se féconde elle-même en s'exposant pour recevoir la semence du mâle portée par les vents et non par contact direct avec lui. Le vautour est par conséquent un symbole

de naissance vierge — en d'autres termes, de pureté. La pureté du corps et de l'âme est une condition préalable pour progresser vers des états plus élevés.

On trouve des représentations de Mout en de nombreux endroits et sous de nombreuses formes, en compagnie de Sekhmet, Hathor, Nout, et bien d'autres encore.

6.9 SEKH-MET – LA MÈRE DE LA TANIÈRE

Dans son rôle de "Mère de la Tanière", Isis prend l'apparence de Sekhmet ou Sekhmout, qui est en fait composé des deux mots : Sekh et Mout — ce qui signifie "l'Ancienne" ou la "Mère de la Tanière".

En Mère de la Tanière, Sekh-Mout est dépeinte sous les traits d'une lionne dans ses représentations égyptiennes. Les statues de Sekhmet sont d'habitude faites dans des roches ignées (ou roches magmatiques), comme le basalte ou le granite, pour accentuer sa nature ardente, passionnée.

Sekh-Mout incarne l'aspect flamboyant du pouvoir créateur.

Dans la Litanie de Rê, on décrit Rê (dans l'une de ses 75 formes ou attributs) comme *Celui du Chat*, et comme *Le Grand Chat*.

En tant que Divine Mère de la Tanière, Sekh-Mout est habituellement représentée sous la forme d'une femme aux seins nus, et une tête de lionne surmontée du disque solaire, entouré d'un uræus.

En tant que Divine Mère de la Tanière, elle projette :

a. une urgence/passion/envie de créer. Pour montrer cette urgence/passion/envie de créer, Sekh-Mout est dépeinte avec un corps masculin ithyphallique.

b. Une attention passionnée, pleine d'affection et de tendresse. Les représentations la montrent soutenant/encourageant autrui avec des gestes d'affection plein de tendresse.

Soutien et encouragement

c. une protection passionnée et intrépide de sa création. Pour montrer cette passion et cette intrépidité dans la protection de sa création, on trouve les statues de Sekh-Mout au point d'entrée des temples — comme par exemple à Médinet Habou à Louxor,

ou sur le mur extérieur du temple d'Esna.

La lionne est l'animal le plus intrépide qu'il y ait sur la terre. Dans nos sociétés modernes, l'estomac et l'épine dorsale sont le symbole du courage physique. Ce concept trouve ses racines en Égypte ancienne. Dans le Papyrus d'Ani, [planche 32], nous pouvons lire :

Mon ventre et mon épine dorsale sont Sekh-Mout

Sekh-Mout est presque toujours représentée avec Khonsou : elle, représentant le principe solaire féminin, et lui, Khonsou, représentant le principe lunaire masculin.

6.10 BAST LE CHAT DOCILE

Isis dans son rôle de centre du calme est le chat docile Bast ou Bastet.

Dans la Litanie de Rê, il est décrit comme Celui du chat, et comme Le grand chat. Les neuf royaumes de l'univers se manifestent dans le chat car le chat et la Grande Ennéade (signifiant l'unité des neuf temps) ont tous deux le même terme en égyptien ancien "b.st". Cette connexion a fait son chemin jusque dans la culture occidentale, où l'on dit que *les chats ont neuf vies*.

Bast représente l'aspect doux et docile du chat en opposition à Sekh-Mout , la lionne fougueuse.

Bast est d'ordinaire représentée avec une tête de chat.

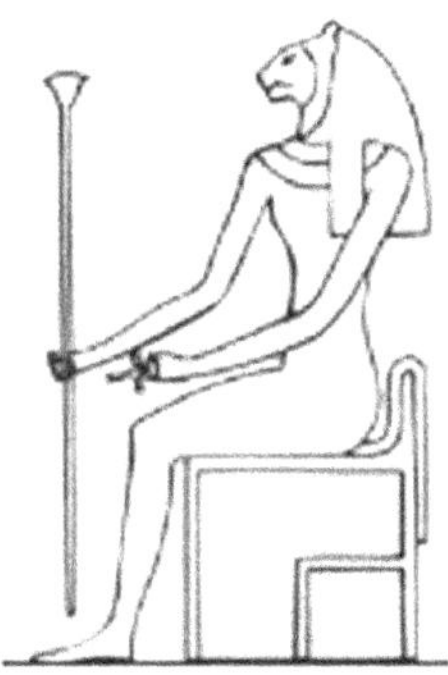

Bast représente la totale harmonie intérieure — la sensation de joie intérieure, de contentement et de paix.

Hérodote a écrit sur les festivités annuelles près du temple de Bast à Tell Basta (Bubastis), juste au dehors de Zagazig, dans le Delta du Nil.

Les festivités annuelles de cette antique cité attiraient plus de 700 000 personnes, dont Hérodote décrit la joie lors de ces célébrations se déroulant en l'honneur de Bast.

6.11 QADESH

Nous étudions ici Isis dans sa fonction de symbole de l'héritière légale prenant l'apparence de Qadesh.

Qadesh représente la légitimité.

Qadesh signifie saint ou sacré en égyptien ancien.

Qadesh est souvent représentée comme une jeune femme debout sur le dos d'un lion, ce qui signifie le principe matrilinéaire/ matriarcal.

Qadesh est également associée à Hathor dans son rôle d'Astarté — la Sainte patronne des voyageurs.

Il est donc naturel que nous la représentation de Qadesh à Memphis, d'il y a plus de 4 000 ans, soit également trouvée au Yémen à l'extrémité sud de la Mer Rouge — à une époque plus récente. Ceci démontre bien que le commerce maritime était florissant en Égypte ancienne, il y a plusieurs milliers d'années.

6.12 HÉQET

Dans son rôle symbolisant la fertilité, on assimile Isis à Héqet.

Héqet représente la conception et la procréation, c'est-à-dire la source de vie, et en tant que telle elle est toujours représentée près de scènes de conception divine en Égypte ancienne.

Héqet a les traits d'une femme à tête de grenouille ou d'une grenouille.

Héqet est associée à Khnoum et aux crues annuelles. Les grenouilles faisaient toujours leur apparition en très grand nombre juste avant la crue annuelle du Nil. Les amulettes figurant des grenouilles étaient/sont des emblèmes populaires de la fertilité à cause de la nature prolifique de la grenouille.

6.13 SERKET

Dans son rôle de protectrice, Isis prend la forme de Serket.

Serket (Selkis) représente l'aspect de protection farouche de la maternité.

On identifie Serket (Selkis) au scorpion, réputé pour la protection de ses petits.

Serket (Selkis) en tant qu'aspect d'Isis représente la protection et l'aspect très présent d'une mère envers ses petits.

D'ordinaire, on représente Serket (Selkis) en tant que femme avec un scorpion sur la tête ou parfois comme un scorpion à tête de femme.

Serket (Selkis), qui est une des quatre protectrices des quatre vases canopes, est chargée de veiller sur celui qui contient les intestins.

6.14 ANAT

On associe Isis, dans son rôle de gardienne, à Anat.

Un bon gardien est toujours prêt à repousser une menace extérieure. Par conséquent, Anat a l'aspect d'une femme qui tient d'une main un bouclier et de l'autre une hache.

Anat est la gardienne (et non pas une "déesse guerrière") de la frontière est de l'Égypte à Tanis et en tant que telle, Anat représente l'étendue sauvage, déserte — un aspect de Seth. Anat a également un lien avec Sekh-Met, l'intrépide.

Dans son rôle de nourrice, Isis prend la forme d'Hathor.

Hathor consiste, en réalité, de deux mots Het-hor qu'on a l'habitude de traduire par *"Maison d'Horus"*.

La première partie — Het — qu'on traduit par "maison" possède un sens beaucoup plus large que celui d'une simple maison. Ça signifie en fait *l'utérus comme Matrice* — à l'intérieur de laquelle quelque chose trouve son origine, prend forme et se développe jusqu'à sa pleine maturité.

L'utérus fournit nourriture et protection. À ce titre, Het-hor fournit à la fois nourriture et protection. Horus représente le principe divin réalisé — et on reconnait Horus sous divers noms/ attributs — alors qu'il se développe du stade d'enfant à celui d'adulte — au sein de la matrice cosmique.

Hathor représente la matrice de principe spirituel métaphysique, prodiguant nourriture et guérison spirituelles, joie, amour physique, musique et bonne humeur.

Les textes de l'Égypte ancienne décrivent Isis aux 10 000 noms dans son rôle de Het-herou comme étant :

La Vache Herou-sekha, qui met au monde toutes choses

En tant que modèle de nourrice cosmique de tout genre, Hathor est associée à d'autres fonctions du même genre. Nous mentionnerons brièvement quelques-unes de ses applications telles que :

A. La Dame d'Amour—Vénus
B. La Nourrice Cosmique—La Madone
C. Les Sept Vierges Célestes/ les Sept Royaumes Célestes
D. La Guérisseuse
E. Son Arbre de Vie
F. L'Ultime Sanctuaire—Maison de Horus/Rê-Horakhti
G. L'Escorte des Voyageurs — Astarté

6.15.A. La Dame d'Amour—Vénus

Le dictionnaire nous apprend que l'origine du nom — ou mot — Vénus est WENOS. Wenos ou Wana est en fait un mot égyptien signifiant compagnie animée, cordiale, engageante, sociable, gaie et très agréable.

La forme nominale de we-nos est A-nesa [Aa-NES-sa], ce qui signifie vierge, avec tout ce que cela implique.

La Vénus Égyptienne — avec son nom de Hathor englobant toutes les acceptions — représente la matrice du principe spirituel métaphysique, prodiguant nourriture et guérison spirituelles, joie, amour physique, musique et bonne humeur.

6.15.B. La Nourrice Cosmique—La Madone

En tant que Grande pourvoyeuse de nourriture spirituelle, Hathor est souvent représentée comme une femme à tête de vache, ou sous une apparence entièrement humaine à l'exception d'oreilles bovines. La vache est la représentation idéale de l'idée de nourriture de toute sorte et à ce titre, est le symbole idéal pour Hathor.

Elle porte une variété de coiffes, mais le plus souvent une paire de cornes enserrant un disque solaire.

Sur le plan cosmique, Hathor est représentée sous une forme de vache pour symboliser le concept/l'attribut cosmique de la nourriture.

Nous allons ici souligner quelques-uns des aspects de Hathor représentée en vache :

- Tout d'abord, Hathor en tant que **Mehet-Ouret, la Vache Céleste** au corps tacheté d'étoiles. Mehet-Ouret (Mehurt, Methyer) représente les eaux primordiales, c'est-à-dire l'abysse liquide céleste. L'eau est source de vie et de subsistance. Parfois, le roi symbolisant Horus est dépeint s'allaitant à son pis. Les textes de l'Égypte ancienne décrivent Isis aux 10 000 noms dans le rôle d'Hathor comme étant :

La Vache Herou-sekha, qui met bas/met au monde toutes choses
Qui allaita l'enfant Horus

La Vache Céleste est aussi représentée sous la forme de sept vaches. Hathor est associée au nombre sept et on l'appelait aussi les Sept Hathors.

- Hésat est une forme d'Hathor, dont la fonction est de nourrir lesplus jeunes. Hésat représente la nourriture métaphysique (amour, soin, chant, …etc.) nécessaire à la croissance et au bien-être des enfants.

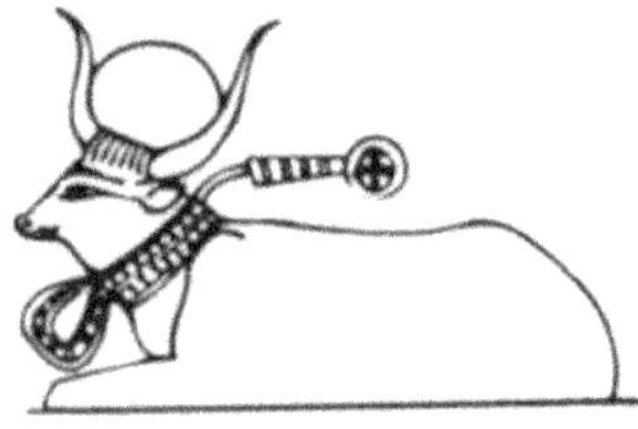

L'allaitement est la représentation de la nourriture à la fois physique et méta-physique — spirituel.

La représentation la plus profonde, la plus porteuse de sens est celle d'Isis sous son aspect d'Hathor donnant le sein à Horus.

Les anciens écrits égyptiens décrivent Isis aux 10 000 noms dans son rôle d'Hathor comme :

[Celle] ***Qui nourrit l'enfant Horus de son lait***

Cette puissante image a servi d'icône pour La Madone à l'Enfant. On trouve la Madone égyptienne et son enfant dans les œuvres égyptiennes depuis au moins l'époque de l'Ancien Royaume — il y a 5 000 ans — comme la représentation de Saqqarah le montre et qui date de cette époque lointaine.

Dans de nombreuses représentations, il arrive que la Madone égyptienne et son enfant soient représentés en sept exemplaires — une fois encore pour figurer les Sept Hathors.

Les scènes d'allaitement de jeunes aussi bien que d'adultes par Hathor, que l'on trouve représentées dans les temples représentent la nourriture spirituelle — car nous avons tous besoin de nourriture spirituelle durant notre progression sur le chemin de la maturité.

Hathor comme symbole de la nourriture spirituelle, joue également un rôle important dans les textes de transformation (funéraires), prodiguant la nourriture spirituelle requise par l'âme du défunt.

6.15.C. Les Sept Vierges Célestes

Hathor est connu comme étant la *maîtresse de la danse* et la *maîtresse de la musique*.

Hathor est associée aux sept tons naturels de l'échelle diatonique et porte/portait le nom de "Les Sept Hathors."

[Pour plus d'informations au sujet de la musique et de la danse, veuillez vous référer au livre intitulé *Instruments de musique égyptiens* de Moustafa Gadalla.]

Vous vous demandez peut-être : pourquoi sept ?

Les Égyptiens croyaient la matrice d'énergie universelle constituée de :

    2 royaumes terrestres — et
    7 royaumes célestes.

Puisque Hathor représente les aspects métaphysiques de l'univers, elle englobe les sept royaumes célestes.

On vit souvent Hathor représentée avec un sistre — une sorte de hochet musical — sur la tête.

L'hymne du "Chant des Sept Hathors" dans le Temple de Dendérah consiste en sept strophes de quatre lignes chacune.

L'étroite relation entre musique et cosmos est énoncée de manière limpide dans l'une des sept strophes, ainsi que nous pouvons le lire :

> *Le ciel et ses étoiles pour toi font de la musique*
> *Le soleil et la lune chantent tes louanges*
> *Les neteru* (dieux, déesses)*te portent aux nues*
> *Les neteru* (dieux, déesses) *pour toi chantent*

L'aspect musical d'Hathor est symbolisé par **Mérit**. Mérit est le chef d'orchestre /maestro cosmique qui dirige les notes et le flot des interprétations musicales.

La main de Mérit est le symbole universel de l'action. Musicalement, les doigts contrôlent le son émis par les instruments de musique. La manière dont vous placez vos doigts détermine les notes. Par conséquent, les doigts constituent le moyen le plus logique d'exprimer, d'écrire, et d'enseigner la musique.

Il en résulte qu'une certaine note prenait son nom d'après la corde qui était pincée ou étouffée par ce doigt. Ainsi, les doigts ont souvent été utilisés pour décrire la technique qui consiste à frapper [une ou des cordes], parmi les expressions en usage concernant la pratique instrumentale.

Chez les Égyptiens (anciens et Baladi), cette manière conventionnelle de "mouvement de doigts" est tout ce dont ils ont eu besoin pour identifier les différentes manières.

6.15.D. Hathor, La Guérisseuse

Isis sous la forme d'Hathor représente la guérisseuse universelle et en tant que telle, l'humanité est toujours à la recherche de son aide.

Elle protège, aime et nourrit toutes créations. Elle use de ses pouvoirs avec grâce et avec succès — pour tous ceux qui demandent son aide.

Le peuple d'Égypte considérait Isis comme une Sainte patronne, dont la sollicitude couvrait toute la gamme des besoins des hommes.

Diodore de Sicile dans son Livre Premier, décrit les qualités féminines d'Isis sous sa forme d'Hathor :

> *« Selon les Égyptiens, Isis a inventé beaucoup de remèdes utiles à la santé, elle possède une grande expérience de la SCIENCE MÉDICALE, et, devenue immortelle, elle se plaît à guérir les malades, elle se manifeste à eux sous sa forme naturelle, et apporte en songe des secours à ceux qui l'IMPLORENT ; enfin, elle se montre comme un être bienfaisant à ceux qui l'invoquent.*
>
> *À l'appui de leur opinion, ils assurent que presque le monde entier leur rend ce témoignage par le culte offert à cette déesse pour son intervention dans la guérison des maladies. Elle se montre surtout aux souffrants pendant le sommeil, leur apporte des soulagements et guérit, contre toute attente, ceux qui lui obéissent. Bien des malades, que les médecins avaient désespéré de rétablir, ont été sauvés par elle ; un grand nombre d'aveugles ou d'estropiés guérissaient quand ils avaient recours à cette déesse. »*

Le plus grand nombre de sanctuaires au cours de l'histoire de l'Égypte étaient et sont encore dédiés à Hathor. Il n'y a pratiquement pas de localité (petite ou grande) qui n'ait pas de sanctuaire pour les *Saba Banat*, ce qui signifie les Sept Het-Herou. La plupart des femmes Baladi d'Égypte se rendent chaque semaine à de tels sanctuaires.

Hathor est présente dans pratiquement tous les temples, toutes les tombes, comme à Louxor (Thèbes), Héliopolis, Memphis, Dendérah, Abou Simbel, les régions minières du Sinaï, et d'innombrables endroits entre ces grands centres. Le lieu de culte d'Hathor le plus important était et reste Dendérah.

Les Temples d'Hathor étaient souvent des centres de guérison. Hathor représente la guérison (une fonction souvent associée à

Sekhmet). Une des fonctions les plus importantes de Dendérah était celle de la guérison, où on pratiquait toutes sortes de thérapies, comme dans un hôpital au sens moderne, plus ou moins, mais avec plus d'importance accordée à la guérison à la fois du corps et de l'âme, par tous les moyens, et pas seulement chirurgicaux.

6.15.E. Son Arbre de Vie

Hathor représente les connections métaphysiques entre notre existence terrestre et nos ancêtres du passé. En tant que telle, Hathor représente l'arbre généalogique.

Les gens de par le monde entier se réfèrent à leur "arbre généalogique". En Égypte, ce terme est bien compris comme étant la résidence des ancêtres défunts. Ainsi, il arrive fréquemment que l'on écrive de petits mots et qu'on les attache aux branches de l'arbre, qui devient donc l'intermédiaire entre défunts et vivants.

Hathor, par conséquent, représente la netert (déesse) de l'arbre (généalogique).

Au sujet de l'importance de l'arbre d'Hathor, Plutarque dans ses Œuvres morales Vol. V, écrit :

De toutes les plantes qui croissent en Égypte, ils disent que l'on

> *consacre le Persea [avocatier] spécialement à la déesse Hathor,*
> *parce que son fruit [l'avocat] ressemble à un cœur, et sa feuille,*
> *à une langue.*

La déclaration de Plutarque est confirmée par de nombreuses représentations picturales d'Hathor en Égypte ancienne [comme ci-inclus], jaillissant de l'Arbre de Vie afin de donner la nourriture spirituelle.

La loi universelle de cause à effet — symbolisée par les fonctions du cœur et de la langue — est inscrite sur la Pierre de Chabaka égyptienne (716-701 avant notre ère) de la manière suivante :

> *Le Cœur et la Langue ont pouvoir sur tous... les neteru* (dieux,
> déesses), *tous les hommes, toutes les bêtes, tout ce qui rampe*
> *et tout ce qui vit. Le Cœur pense tout ce qu'il souhaite, et la*
> *Langue transmet tout ce qu'il souhaite.*

6.15.F. L'Ultime Sanctuaire—Maison d'Horus / Rê-Horakhti

Revoyons tout ce qu'Hathor représente encore une fois.

Les égyptologues occidentaux traduisent souvent Hathor par **"maison d'Horus"**.

La première partie, Het, qu'on traduit par "maison", possède un sens beaucoup plus large que celui d'une simple maison. Cela signifie en fait *l'utérus en tant que Matrice* — au sein de laquelle quelque chose prend son origine, se transforme et se développe jusqu'à sa pleine maturité.

Horus représente le principe divin réalisé — et on reconnait Horus sous divers noms/attributs — alors qu'il se développe du stade de l'enfant à celui d'adulte au sein de la matrice cosmique.

La destination finale est de ne faire plus qu'un avec le créateur en tant que Rê. À ce stade, l'âme pleinement réalisée devient Re-

Hor-akhti. C'est donc ainsi qu'on appelle Het-hor, la Dame de l'Ouest, résidence d'Horus — Re-Herachti.

L'âme réalisée, représentée par un faucon portant le disque solaire, sera sauvegardée au sein d'Hathor en tant qu'arbre de vie — l'Ultime Sanctuaire.

6.15.G. L'Escorte des Voyageurs — Astarté

Hathor est présente de manière importante au-delà de la terre d'Égypte. Arrêtons-nous un instant pour voir comment et pourquoi son rôle est important au-delà de la terre d'Égypte.

Nous avons montré que le nom et la fonction d'Hathor représentent la matrice cosmique. En tant que telle, Hathor est à la fois source de nourriture et de protection — comme nous l'avons montré au cours de cette présentation.

Au-delà de l'existence terrestre, Hathor joue un rôle d'importance dans les textes transformationnels, fournissant la nourriture spirituelle et la guidance nécessaires à l'âme du défunt lorsqu'elle parcourt la mer cosmique.

Sur Terre, Hathor fournit une escorte divine aux voyageurs qui parcourent les mers. Par conséquent, Hathor, qu'on connaît également sous le nom d'Ashérah, est la Sainte patronne égyptienne des voyageurs, des navigateurs. Il en résulte qu'on la trouve dans ce rôle plus souvent en dehors d'Égypte.

Vous en saurez plus sur sa vénération en dehors d'Égypte et dans les fêtes religieuses dans tout le bassin méditerranéen à la fin du chapitre suivant.

LA BIEN-AIMÉE DANS TOUS LES PAYS

7.1 LA DIFFUSION DE LA RELIGION ÉGYPTIENNE

Dans ce chapitre, nous montrerons l'expansion de l'idéologie d'Isis dans le bassin méditerranéen, et au-delà — dans le monde entier.

L'un des 10 000 noms d'Isis est :

"Bien-aimée dans tous les pays"

Isis aux 10 000 noms et bien d'autres déités de l'Égypte ancienne furent adoptées dans tout le pourtour méditerranéen et au-delà. Par exemple, les bas-reliefs, monnaies et autres vestiges mis à jour en Thessalie, à Épire, à Mégare, à Corinthe, à Argos, à Malte, et bien d'autres endroits représentent d'anciennes divinités égyptiennes. À cause de ses nombreux noms et de ses nombreuses formes, les Grecs assimilaient Isis à nombre de leurs déesses de leur panthéon : Perséphone, Cérès, et Athéna entre autres. Hérodote, dans son ouvrage intitulé Histoires, Livre 2 [2-8], écrit :

"Les noms de presque tous les dieux vinrent d'Égypte en Grèce."

Cela parait logique une fois que l'on reconnaît les deux points suivants, à savoir que :

a. Depuis les tout débuts de la philologie comparative, on remarqua que les sons des langages apparentés correspondaient de façons apparemment systémiques. Comme exemple du phénomène de ce changement phonétique, il est encore possible de reconnaître le nom propre d'une personne dans des sons grandement différents, comme Santiago/San Diego/San Jacob et Saint James. Jacob/Jack/Jacques/James ne sont qu'un seul et même nom, qui est un bon exemple du phénomène de glissement phonétique, où une lettre qui ne peut être prononcée par un groupe de personnes se substitue à un autre son, plus facile à prononcer pour ce groupe de personnes.

b. Il faut noter que ce que l'on considère d'habitude comme les *noms* des divinités sont en fait les "attributs" de ces déités. Les *vrais noms* de ces divinités étaient gardés secrets. Le vrai nom était/est imprégné de propriétés et de pouvoirs magiques. Connaître et prononcer le vrai nom d'une déité c'est exercer un pouvoir sur elle. Pour garder le pouvoir cosmique de la déité, les anciens Égyptiens (et plus tard, les autres peuples tout autour du bassin méditerranéen et au-delà) utilisaient souvent des "noms" à connotation religieuse. Baal signifie simplement Seigneur ou leader, et donc on entend parler de Baal ou de la Baalat (Dame) de telle ou telle cité. De façon similaire, une déité sera appelée Melek, qui signifie Roi. Pareil pour Adon, qui signifie Seigneur ou Maître. Melqart signifiait Roi de la Cité.

Pour confirmer les rapports d'Hérodote au sujet de l'adoption par les Grecs des déités égyptiennes, les preuves archéologiques du 4ème siècle (avant notre ère) montrent qu'Athènes était fondamentalement un centre de la religion égyptienne et que des sanctuaires consacrés à Isis, publics comme privés, étaient érigés dans de nombreux endroits de Grèce à cette période.

En Grande-Grèce, les monuments trouvés à Catane, en Sicile, montrent que cette cité était un centre de culte de déités égyptiennes. Le sud de l'Italie hébergeait de nombreux temples dédiés à Isis, et les vestiges de statues retrouvés à Reggio, Pueoli, Pompéi et Herculanum prouvent que le culte des divinités égyptiennes devait être pratique courante.

Les anciennes pratiques religieuses égyptiennes étaient reflétées en Grèce, comme le montre le grec Hérodote, père de l'histoire, dans le Livre II [107] de son ouvrage *Histoires* :

> ***Ce furent les Égyptiens, aussi, qui furent à l'origine des fêtes religieuses en assemblées publiques, des processions et des cérémonies d'offrandes rituelles et en enseignèrent l'usage aux Grecs*** *: c'est un fait que l'on peut déduire de par le caractère ancien évident de telles cérémonies en Égypte, comparativement à la Grèce, où elles ont été introduites seulement récemment. Les Égyptiens se rassemblent solennellement non pas une seule fois l'an, mais en de nombreuses occasions.*

Confirmant les dires d'Hérodote, Plutarque déclare dans ses Œuvres morales, Isis et Osiris, [378-9, 69] :

> *Chez les Grecs aussi, de nombreuses cérémonies sont célébrées de manière similaire à celles accomplies chez les Égyptiens dans les temples d'Isis, et ceci à peu près à la même époque.*

Dans la Rome du premier siècle avant notre ère, on considérait Isis comme la principale divinité de la cité. Temples et bâtiments d'importance étaient érigés en son honneur, remplis d'objets, d'obélisques, d'autels, de statues, etc., tous en provenance d'Égypte dans le but de faire ressembler ces temples d'Isis à ceux de son pays d'origine. Des prêtresses, profondément versées dans la connaissance des "mystères" d'Isis, résidaient à l'intérieur ou à proximité de ces temples et prêtaient assistance lors des offices et des cérémonies auxquelles de larges congrégations prenaient part.

Dans la cosmologie des anciens Égyptiens, Isis représente le pouvoir responsable de la création de tout ce qui vit.

Par conséquent, les anciens Égyptiens l'appelaient Isis aux 10 000 noms/attributs. Les "nombreux noms" d'Isis furent adoptés dans toute la Grèce, en Italie et au-delà. Ainsi, Grecs et Romains l'identifiaient fréquemment à Sélène, Déméter, Cérès, entre autres noms. On la considérait aussi comme la Terre-Mère, et en tant que telle, la mère de toute fertilité, des semailles, des moissons, des récoltes et de l'abondance. Certains de ses attributs ont conduit à l'associer à Aphrodite, Junon, Némésis, Fortune et Pan-thea.

Les pratiques religieuses de l'Égypte ancienne associées à Isis et Osiris continuèrent d'avancer à grands pas en Italie. En Campanie, une inscription, datée de 105 avant notre ère, a été découverte dans un temple dédié à l'ancien égyptien Sarapis (Sar-Apis), à Puteoli, ce qui prouve que le temple existait avant cette date. Aux environs de l'an 80 avant notre ère, à l'époque de Sulla, un Collège des Serviteurs d'Isis ou Pastophores fut fondé à Rome, et un temple construit dans la cité. En l'an 44 avant notre ère, un temple fut érigé à Rome pour honorer Isis et Osiris, et quelques dizaines d'années plus tard, la fête en l'honneur de ces divinités égyptiennes fut incorporée au calendrier public des célébrations.

La fête la plus importante d'Italie correspondait exactement à la fête célébrée en Égypte ancienne pour commémorer le meurtre d'Osiris et la recherche de son corps par Isis. De même qu'en Égypte ancienne, elle commençait en novembre par des chants funèbres et des lamentations déchirantes pour la mort d'Osiris, qui étaient, à n'en pas douter, basés sur les compositions musicales chantées alors en Égypte à la même période. Ensuite, le deuxième jour, des représentations mettant en scène l'affliction désespérée et l'angoisse de ceux partant à la recherche du corps d'Osiris étaient données publiquement. Lors du troisième jour, Isis retrouvait le corps de son époux et c'était l'occasion de grandes réjouissances dans le temple. Le chagrin faisait place à la joie et les larmes aux rires, des musiciens de toutes sortes s'assemblaient pour jouer de leur instrument, tandis qu'hommes et femmes dansaient et que tout le monde célébrait.

Les pratiques religieuses de l'Égypte ancienne en relation au récit-modèle d'Isis et Osiris se répandirent à tout le sud de l'Europe et à de nombreuses parties d'Afrique du Nord, et continuèrent à être importantes religieusement jusqu'à la fin du quatrième siècle de notre ère. Ces idées et croyances de l'Égypte ancienne survécurent dans le christianisme, par le biais duquel la Vierge Marie adopta les attributs d'Isis la Mère Éternelle et l'Enfant Jésus ceux d'Horus.

[Pour en découvrir plus sur les témoignages des auteurs antiques au sujet de l'expansion des colonies de l'Égypte ancienne et de son influence à travers le monde entier, vous pouvez consulter les ouvrages : *La culture de l'Égypte antique révélée* et, en anglais, *Egyptian Romany: The Essence of Hispania*, tous deux de Moustafa Gadalla.]

7.2 IMPORTANCE COSMIQUE DES FÊTES RELIGIEUSES ÉGYPTIENNES

Comme nous l'avons vu auparavant dans ce chapitre, toutes les fêtes religieuses d'importance dans le bassin méditerranéen étaient des copies des cérémonies de l'Égypte ancienne, et dans la plupart des cas, seuls les prêtres égyptiens accomplissaient les rituels requis.

À l'occasion des nombreuses fêtes, les participants se réfugiaient dans la vérité archétypique de leur conscience cosmique : ce qui est en haut est comme ce qui est en bas et ce qui est en bas est comme ce qui est en haut. Chaque fête sacrée réalise le cycle sacré archétypique.

Ces cycles sacrés ont été incorporés au calendrier. Plus précisément, le calendrier servait à indiquer quand les forces cosmologiques (neteru/dieux) étaient manifestées, et les cycles de leur renouvellement. Tous les auteurs de l'antiquité grecque et romaine rapportent cette ancienne tradition, ainsi que le fait Plutarque dans le Volume V de ses Œuvres morales (377, 65) :

"...Ils [les Égyptiens] associent les concepts théologiques aux changements de saisons dans l'atmosphère environnante, ou à la croissance des cultures, aux semailles, au labourage"

Nous allons trouver exactement les mêmes principes en usage dans les autres pays comme nous le montrons ci-après.

7.3 REINE DES MARAIS

Une des fêtes les plus suivies de l'Égypte ancienne célébrait la fin de la période de 50 jours durant laquelle Isis se cacha avec son enfant Horus dans les marais. Tous deux allèrent se cacher pour empêcher son fils d'être tué par le tyran, le malfaisant, en l'occurrence, Seth. En tant que telle, elle est la Reine des Marais. Une telle fête religieuse est décrite en détails par Hérodote dans son livre 2, chapitres 59-60.

Cette belle cérémonie de l'Égypte ancienne qui avait lieu dans le Delta du Nil, a une réplique quasiment à l'identique dans le delta du Guadalquivir, en Espagne, célébrée par les descendants des Égyptiens, qu'on appelle « gitans ».

Cette fête, qui est décrite par certains comme "la plus païenne", implique un pèlerinage aux abords du grand marais du Delta du Guadalquivir pour la célébration de la Pentecôte, fêtant Isis dans ses noms de :

La Blanche Colombe, la Reine des Marais, la Vierge de la Rosée, etc.

De la même manière, dans l'Égypte d'aujourd'hui, la Fête des Apôtres (Prophètes) a lieu 50 jours après le samedi de Pâque. Cette fête puise son origine en Égypte ancienne. La Pentecôte signifie la période du Khamsin (qui veut dire les Cinquante), durant laquelle vents et tempêtes de sable, rouges et brûlants, venus du sud, sont fréquents. Cet événement annuel commence juste après le Vendredi saint, c'est-à-dire le Samedi saint (ou jour du Feu sacré), et prend fin le Jour de la Pentecôte (ou le jour de Whitsun) — soit un intervalle de 50 jours.

Cet événement de la Pentecôte est en relation avec l'ancienne allégorie égyptienne d'Isis et Osiris, dans laquelle après le meurtre d'Osiris, Seth devint le souverain d'Égypte et se mit à la recherche de l'enfant Horus pour le tuer. Seth, le malfaisant, régna en oppresseur, jusqu'à ce qu'il soit détrôné 50 "jours" plus tard. Seth représente la couleur rouge et le mauvais temps qui oppresse, sec, torride, flamboyant et aride. En d'autres termes, Seth représente le chaud nuage de poussière rouge — Khamsin. La fête célèbre la fin de cette période de temps oppressif. Les cieux ne sont plus poussiéreux ni rouges. Les cieux sont dégagés — blancs. Pendant cette période d'oppression de 50 jours, Isis cacha son nouveau-né dans les marais. En cela, elle est la *Reine des Marais*.

7.4 NOTRE DAME DES DOULEURS [PLEURE-MOI UNE RIVIÈRE]

Les Égyptiens associent le début de la saison des crues annuelles à Isis, qui commença à pleurer son âme sœur, à savoir Osiris, monté au ciel 40 jours après sa mort. Les Égyptiens associent les premières larmes d'Isis au début de la montée des eaux du Nil. Isis continua à pleurer en souhaitant que le corps de son défunt époux Osiris revienne à la vie. La Veuve Éplorée devint, pour les Égyptiens, **Notre Dame des Douleurs**.

Cette fête religieuse était/est associée à un cycle de renouveau — le cycle des eaux, durant lequel Isis régénère/recrée Osiris (qui représente l'élément eau), quand "il" s'évapore et "monte au ciel" — pour ainsi dire. Quand l'absence d'eau se fait ressentir, Isis la "Terre Mère" se languit. Les écrits de l'Égypte ancienne parlent d'Isis en ces termes :

« La Reine de la terre.
La Dame de la terre ferme".

Il se trouve que le principe féminin de fertilité met sur un pied d'égalité la Terre et Isis. Mais sans eau, rien ne peut pousser. Ainsi que nous l'avons vu, Isis, le principe féminin de l'intellect, a créé l'âme pour animer la conception de la création et lui donner la vie.

D'un autre côté, il se trouve qu'Isis, en tant que Terre Mère, va générer les eaux pour fertiliser les graines dans son utérus — elle est donc bien ici la Terre Mère. De même que l'aspect intellectuel d'Isis a généré l'âme, nous réalisons que son rôle de génératrice et de donneuse de vie à Osiris est démontré dans plusieurs de ses 10 000 noms, lorsque nous lisons qu'Isis est :

La Créatrice des Crues du Nil,
Dont l'époux est le seigneur des profondeurs
Dont l'époux est l'inondation du Nil
Qui fait grossir et déborder le Nil
Qui fait grossir le Nil en sa saison

Quand l'absence d'eau se fait ressentir, Isis "Terre Mère" se languit. Le principe féminin d'Isis génère donc l'eau et quand elle vient à manquer, Isis la régénère.

La veille du 11ème jour de l'ancien mois égyptien de Ba-oo-neh (le 18 juin) s'appelle "Leylet en-Nuqtah" (ou la Nuit de la Larme Versée), puisqu'il commémore la première larme qui tombe dans le Nil, inaugurant ainsi la saison annuelle des crues. Les astrologues calculent le moment précis où la "larme" (goutte) va tomber, moment qui est toujours au cours de la nuit du 18 juin. Cette fête de l'Égypte ancienne est connue au nord du Caire sous le nom de Mouled el-Embabi.

Les paysans égyptiens, le long de la vallée du Nil, attendaient tout particulièrement cette ancienne fête. Diodore de Sicile nous raconte comment les agriculteurs se laissaient aller à toutes sortes de débordements de joie et montraient leur gratitude envers Dieu pour les bienfaits de l'inondation. Selon Héliodore, il s'agissait d'une des fêtes les plus importantes des Égyptiens. Libanios affirme que les Égyptiens de tout le pays accordaient à ces rites une telle importance qu'ils craignaient que s'ils n'étaient pas accomplis à la bonne époque, et de la manière appropriée, par les personnes dûment nommées à cette fonction, le Nil refuserait de sortir de son lit et d'inonder la terre.

Le Nil commence à monter aux alentours du solstice d'été ou peu après. Deux semaines après la première larme/goutte, donc à partir ou aux alentours du 27ème jour du mois de Ba-oo-neh (le 3 juillet), on rendait compte publiquement et quotidiennement de l'état du niveau de la crue dans les rues de la cité, comme Plutarque l'affirme, et cette tradition fut perpétrée par les Égyptiens Baladi jusqu'à la construction du Grand Barrage d'Assouan dans les années 1960.

Une des parties les plus évidentes du Récit-Modèle égyptien d'Isis et Osiris est la façon dont ces deux symboles sont liés à la saison des crues du Nil en Égypte. Les Égyptiens associaient le début de la montée des eaux à Isis, qui, après que son époux, son âme sœur Osiris soit monté au ciel 40 jours après sa mort, commençait à verser ses larmes, suppliant son époux mort de revenir à la vie. Les Égyptiens associaient la première larme au début de la montée des eaux du Nil. Isis continuait à pleurer, formant le vœu que son époux revienne à la vie, se lève.

Ce qui est beau, ici, est qu'Isis souhaite que son époux se lève d'entre les morts et que les eaux du Nil, en conséquence, se lèvent également. On devrait noter que les eaux du Nil sont symbolisées par Osiris lui-même.

Plutarque nous décrit cette relation dans le volume V de ses Œuvres morales (366, 38A) de cette façon :

En d'autres termes, Isis recrée/régénère Osiris de ses larmes chaque année. Ses larmes sont de couleur rouge sang, la même couleur que les eaux des crues, puisque ces eaux résultent de la saison des pluies en Éthiopie, pluies qui érodent le limon des hautes terres éthiopiennes et le transportent en Égypte le long du Nil Bleu et d'autres affluents. Donc, les larmes d'Isis représentent cette couleur rougeâtre des eaux durant la saison des crues. De fait, **Isis pleure une rivière** — pour ainsi dire. La foi chrétienne ne fait que suivre la même tradition de l'Égypte ancienne avec les statues représentant la Vierge versant des larmes de sang.

7.5 ISIS NOTRE DAME DE L'ASSOMPTION

Isis en tant que Terre Mère se fait inonder par les eaux montantes du Nil.

Isis est submergée par ses propres larmes. Il en résulte que la terre — planète et pays — disparaît sous les eaux — c'est-à-dire la terre étant Isis disparaît — elle s'élève aux Cieux.

Le 15ème jour d'août est une fête nationale dans de nombreux pays, qui commémore l'Ascension de la Vierge Marie aux Cieux. Exactement le même jour, le 15 août, les Égyptiens commémorent, depuis les anciens temps, une fête très similaire dédiée à Isis — la Vierge Mère de l'Égypte ancienne — appelée *l'Épouse du Nil*.

Dans le contexte de l'Égypte ancienne, l'Épouse du Nil est Isis — la Vierge Mère — et le Nil, le fleuve, est son âme sœur — Osiris. Le 15 août, la fête religieuse d'Égypte ancienne commémore la fin de la période de 50 jours de pluie en Éthiopie qui cause les crues annuelles du Nil.

Dans cette allégorie populaire égyptienne, Isis cesse de pleurer son âme sœur perdue, Osiris, aux alentours de la mi-août, ce qui signifie qu'Isis a épuisé toutes les larmes de son corps. C'est à cette période que les Égyptiens (d'autrefois et d'aujourd'hui) tiennent une fête pour célébrer la dernière larme d'Isis, larme qui causera le pic de la montée des eaux. C'est pendant cette célébration que les Égyptiens jettent dans les eaux une effigie d'Isis, pour symboliser qu'Isis s'est noyée dans ses propres larmes — dans le Nil même.

De l'autre côté de la mer Méditerranée, face à l'Égypte, chaque année à la veille du 15 août, un drame musical sacré est chanté dans la cathédrale d'Elche, en Espagne — un 'mystère' ayant pour thème la disparition et l'Assomption de la Vierge Marie, avec les mêmes paroles, la même musique et la même mise en scène, au moins depuis le 15ème siècle.

Une procession solennelle a lieu le 15 août. Tout le monde s'accorde pour dire que ni la procession ni le Mystère d'Elche ne sont des cérémonies d'essence purement chrétienne mais pré-chrétienne.

La tradition "historique" associée à la fête d'Elche est très inté-ressante. On dit qu'en mai 1266, ou (selon d'autres) en décembre 1370, une "arche" dériva jusqu'aux côtes d'Espagne. Elle était baptisée "Pour Elche", et il se trouve qu'elle contenait une image de la Vierge Marie de même que les paroles, la musique et les rituels d'un drame liturgique. [Pour plus d'informations sur ce sujet, nous vous recommandons la lecture du livre *Egyptian Romany: Essence of Hispania* de Moustafa Gadalla.]

7.6 CÉLÉBRER SON "ANNIVERSAIRE"

Durant le cours normal des choses, les eux montantes du Nil

amorcent leur décrue, de sorte que les terres immergées ne le sont plus. La terre redevient visible et on assiste donc à une nouvelle "naissance" de la terre — la Terre Mère — Isis.

En réalité, Isis ne meurt JAMAIS. Elle apparaît lorsque les eaux qui l'entourent se retirent.

Les anciens Égyptiens fêtaient ce jour comme étant l'anniversaire d'Isis — trois jours avant le début de la Nouvelle Année en Égypte ancienne. L'anniversaire d'Isis dans le calendrier romain d'aujourd'hui est le 8 septembre. Isis est l'une des cinq divinités dont l'anniversaire est célébré avant la Nouvelle Année Égyptienne.

L'église fête la Nativité de la Vierge Marie le même jour que celle d'Isis. C'est un jour férié dans tous les pays du pourtour méditerranéen, de l'Amérique Centrale et de l'Amérique du Sud.

7.7 CÉLÉBRER NOTRE (SAINTE) MÈRE DE LA MER

Comme nous l'avons vu auparavant, une des manifestations d'Isis est Hathor/ Astarté — qui, comme d'autres divinités égyptiennes, est également connue sous les noms de Asera/Serah/ Sarah, ce qui signifie *noble dame*.

Afin de ne laisser aucun doute subsister quant à ses origines égyptiennes, Ashérah est toujours représentée dans sa forme égyptienne avec un croissant (lunaire) et un disque (solaire) sur sa coiffe.

Hathor représente la matrice du principe métaphysique, spirituel, accordant nourriture spirituelle, guérison, joie, sexualité, musique et bonne humeur.

Hathor, comme symbole de nourriture spirituelle, joue aussi un rôle important dans les textes transformationnels (funéraires) accordant la nourriture spirituelle, une guidance spirituelle, nécessaire à l'âme du défunt lors de sa traversée de la mer cosmique. C'est pourquoi Hathor/Ashérah est la Sainte patronne égyptienne des voyageurs, des navigateurs. Il est donc logique qu'on la trouve dans ce rôle plus souvent en dehors d'Égypte.

Un extrait du recueil des Textes des Sarcophages Égyptiens [texte des sarcophages numéro 61] datant du Moyen Royaume (2040 –1783 avant notre ère) la décrit comme Hathor :

> **La Dame dont on dit qu'elle "tient les rames qui gouvernent [nos] barques"**

C'est la raison pour laquelle on représente toujours le visage d'Hathor juste au-dessus de la poupe des navires, où les deux gouvernails, utilisés par les pilotes experts pour guider le navire, étaient montés.

Dans son rôle de guide des voyageurs, Hathor s'appelle Astarté, dont on trouvait les temples dans les cités frontières comme il sied à sa fonction de Sainte patronne des voyageurs. Celui de Cadix, en Espagne était ainsi un des monuments les plus importants de cette ville sainte.

Le rôle d'Astarté en Égypte ancienne est bien documenté. À la lumière de fragments [de textes] de l'époque de Ramsès II (1304–1237 avant notre ère), le rôle de protectrice des voyageurs en haute mer d'Astarté est évident. Dans un de ces fragments, son rôle de protectrice des marins est clairement énoncé :

> **"...Vois, Astarté habite dans la région de la mer..."**

Afin de ne laisser aucun doute subsister quant à ses origines égyptiennes, Astarté est toujours représentée dans sa forme égyptienne avec un croissant (lunaire) et un disque (solaire) sur sa coiffe.

Dans un autre fragment, Renenutet s'adresse en ces termes à Astarté :

Pendant (et après) les périodes troubles de la Reconquête, de nombreuses personnes fuirent la péninsule Ibérique pour se réfugier en Afrique du Nord, en Égypte et en France.

La fête religieuse la plus importante du sud de la France est célébrée par les Roms (égyptiens) sur le rivage de la mer Méditerranée, vers la fin du printemps. La destination du pèlerinage est l'Église de **Notre Dame de la Mer**. Le nom français de cette église – qui a la même signification en espagnol – nous vient directement de l'ancienne langue égyptienne.

Ce pèlerinage rom est le plus ancien de ce genre en France.

La tradition "historique" associée à cette fête rom était solidement ancrée en Égypte. Selon la tradition, une jeune fille égyptienne à la peau sombre, nommée Sainte Sarah arriva dans une minuscule embarcation sans voiles ni rames, en compagnie de deux jeunes filles à la peau blanche ayant pour nom Marie Salomé et Marie Jacobée. On dit de leur bateau qu'il accosta dans cette partie de la méditerranée après avoir dérivé sur la mer aux environs de l'an 42 de notre ère.

Le "nom" du personnage central de cette fête a également son importance. Son nom — Sarah — est un mot en ancien égyptien qui est la forme féminine de Sar, qui signifie une personne de haut rang. Sarah signifie donc **Noble Dame** dans la langue de l'Égypte ancienne. Dans les traditions de l'Égypte ancienne, Sainte Sarah est Hathor, Protectrice des voyageurs sur l'eau. Son nom, Sarah, concorde bien avec le fait qu'elle soit **Notre Sainte Mère de la Mer**, comme nous venons de le voir.

On trouve en de nombreux endroits des traditions similaires faisant état d'un esquif dérivant jusqu'aux côtes de la péninsule Ibérique, endroits parmi lesquels figurent Elche, et Saint Jacques de Compostelle.

Ce n'est pas un hasard que le thème d'une sainte (femme) et ses deux anges gardiennes (Marie Salomé et Marie Jacobée) soit présent dans le sud de la France et qu'on le retrouve à Elche, et en de nombreux endroits où on rencontre ces gens à la peau sombre / bronzée, les descendants des pharaons égyptiens.

Les "Deux Maries" sont les Sœurs Jumelles Isis et Nephtys — les deux fidèles anges gardiennes — ainsi que nous l'avons vu auparavant.

8

LE POUVOIR DU CŒUR

8.1 MARIE ISIS : LA PANACÉE UNIVERSELLE

Dans ce chapitre, nous allons présenter Isis dans son rôle de panacée universelle et comment l'humanité est perpétuellement à la recherche de son aide.

Non seulement, Isis, le principe féminin, est responsable de la conception et du don de la vie à toutes les formes de création mais aussi, ce qu'Isis, principe féminin, a mis au monde, elle le protège, elle en prend soin, elle le nourrit et dispense ses pouvoirs avec grâce et succès à tous ceux qui demandent son aide. Étant la mère divine, elle est la guérisseuse universelle.

Le peuple d'Égypte considérait Isis comme la Sainte patronne dont la sollicitude dépassait largement les besoins des humains. Pour ceux dans le besoin, aucun autre personnage divin n'égalait le statut d'Isis la Mère Vierge.

Isis, en tant que reine d'Osiris et Mère de Dieu (c'est-à-dire Horus), et ses soins attentifs ont fait d'elle la Reine du Ciel. On recherchait sa protection avec empressement partout en Égypte et également, par la suite, dans le reste du monde.

Elle devint la grande netert (déesse) et mère, dont l'influence et l'amour se répandaient partout des cieux à la terre et à l'Autre Monde, et elle devint la personnification du grand féminin, pouvoir créateur qui a conçu et donné naissance à toutes créatures vivantes et choses — depuis les divinités célestes à l'homme sur terre, en passant par les insectes au sol.

Elle personnifiait toutes les terres labourées, l'esprit bénéfique des champs et la netert des récoltes.

Ce qu'elle avait mis au monde, elle le protégeait, elle en prenait soin, elle le nourrissait, et passait sa vie à dispenser ses pouvoirs avec grâce et succès — pas seulement en créant de nouveaux êtres, mais aussi en ramenant à la vie ceux qui étaient morts. Tout au long du *Livre pour Sortir au Jour* [connu sous le titre erroné de *Livre des Morts*], Isis est mentionnée comme celle qui donne la vie et la nourriture pour les morts. Ses innombrables attributs ont conduit les anciens Égyptiens à la nommer Isis Aux 10 000 Noms/Attributs.

Le peuple d'Égypte considérait la Vierge comme une Sainte patronne dont la sollicitude dépassait largement les besoins des humains. Elle distribuait ses faveurs divines sans discrimination. Pour ceux dans le besoin, aucune autre figure divine n'égalait le statut de la Mère Vierge de même qu'aucun autre symbole sacré ne parvenait à calmer leurs angoisses ni à réaliser leurs rêves. Elle était la garantie de l'âme de l'homme, pour lui avoir refusé son corps.

Diodore de Sicile, dans son Livre Premier, [25. 2-6], décrit les mêmes qualités de la Vierge (égyptienne) — Isis :

> *« Selon les Égyptiens, Isis a inventé beaucoup de remèdes utiles à la santé, elle possède une grande expérience de la science médicale, et, devenue immortelle, elle se plaît à guérir les malades, elle se manifeste à eux sous sa forme naturelle, et apporte en songe des secours à ceux qui l'implorent ; enfin, elle se montre comme un être bienfaisant à ceux qui l'invoquent. A l'appui de leur opinion, ils citent non pas des fables, comme les Grecs, mais des faits réels, et assurent que presque le monde*

entier leur rend ce témoignage par le culte offert à cette déesse pour son intervention dans la guérison des maladies.

Elle se montre surtout aux souffrants pendant le sommeil, leur apporte des soulagements et guérit, contre toute attente, ceux qui lui obéissent. Bien des malades, que les médecins avaient désespéré de rétablir, ont été sauvés par elle ; un grand nombre d'aveugles ou d'estropiés guérissaient quand ils avaient recours à cette déesse. Elle inventa le remède qui donne l'immortalité : elle rappela à la vie, non seulement son fils Horus… »

Isis était considérée comme une grande magicienne, et les anciens papyrus égyptiens contiennent de nombreuses allusions à ses pouvoirs magiques. De nombreux extraits de textes de toutes périodes nous enseignent qu'Isis possédait pleinement l'art d'employer la magie, comme l'attestent plusieurs exemples bien connus de son utilisation ; elle savait comment tisser des sorts et comment façonner des images magiques, elle connaissait tous les noms cachés secrets de toutes les puissances divines, ainsi que de tous les esprits malins ou bénéfiques, qu'elle utilisait de façon à ce qu'ils se plient à sa volonté. Les pouvoirs de la nature, sur son ordre, cessaient ou modifiaient leur fonctionnement, et elle avait le pouvoir de faire que toute chose animée ou inanimée accomplisse sa volonté.

Isis était maîtresse dans l'art de l'utilisation du pouvoir des mots et était connue sous les noms de :

Maîtresse des charmes
La Dame qui a le Pouvoir des Mots

Une des plus puissantes amulettes connues des Égyptiens était l'objet qu'on appelait thet, qui avait en lui le pouvoir de son sang, des pouvoirs magiques et des formules de pouvoir. Elle est selon toute probabilité une représentation conventionnelle de l'utérus, avec ses ligatures, et du vagin. Une analogie suggère que cette amulette, le tout-puissant symbole d'Isis, représente un organe de son corps.

Isis représente le principe permanent. Elle exerçait son attrait sur tous, étant le type et le symbole mêmes de ce qu'il y a de plus élevé et de meilleur dans le caractère féminin de la généreuse, de la fidèle, de la tendre et aimante éternelle Mère du Monde.

8.2 HOMMAGE À LA REINE

La présence des adorateurs d'Isis ne se limite pas à la terre d'Égypte. En fait, on les retrouve partout. Dans l'ouvrage *l'Âne d'Or ou les Métamorphoses d'Apulée*, Lucius prie Isis en ces termes :

> *Ô, Reine des cieux, — la bienveillante mère, toi qui fais croître les fruits de la terre, qui, se réjouissant d'avoir retrouvé ta fille, ôta à l'homme sa bestiale provende de glands et lui montra plus douce nourriture, et maintenant tu honores à profusion le sol d'Eleusis ; ou ô toi, Vénus, la céleste, qui au premier commencement des choses, unifias les deux sexes opposés en leur prodiguant la puissance de l'Amour qui est né de toi, et après avoir donné naissance à la race humaine, tu la feras perdurer pour les générations; ou prodiguant douce guérison, tu apportes soulagement aux femmes en travail et tu as engendré tant de multitudes, ô, toi dont la douce et féminine lumière éclaire les murailles de toutes cités et dont les feux de rosée nourrissent les semences qui jaillissent, et toi qui dispenses tes rayons mouvants, qui suivent les changements du soleil— sous quelque nom, dans quelque rite, sous quelque aspect que l'on t'invoque.*

Prière à laquelle Isis répondit ainsi :

> *Je viens à toi, moi qui suis la mère de la nature, la maîtresse de tous les éléments, le principe originel de tous les âges, d'entre les divinités, la plus puissante, reine des morts, la première d'entre les habitants du ciel, et dans l'aspect de laquelle sont*

mêlés les aspects de toutes les énergies divines. Je règne sur les hauteurs resplendissantes du ciel, sur les brises salubres des mers, sur le lugubre silence des Enfers. La terre tout entière vénère ma puissance divine, unique, sous maints aspects changeants, avec des rites variés et sous des noms divers et nombreux.

Un hommage à Isis la Reine du ciel et de la Terre :

La divine, aux 10 000 attributs :

Isis :

La Reine de toutes forces divines
La dame du commencement des temps
Celle qui fait se lever le soleil
La dame du ciel
La donneuse de lumière au ciel avec Rê
La Reine de la terre
La Dame de la terre ferme
La Flamme Ardente
La mère de dieu
La pourvoyeuse de vie
La Dame de vie
La Dame de joie et de contentement
La Dame d'Amour
La Tisseuse et fouleuse
Celle Dont le fils est le seigneur de la terre
Bien-Aimée dans tous les pays

Quant à l'Égypte, terre natale d'Isis, la majorité silencieuse n'a jamais changé les anciennes traditions, et ses attributs ou prétendus noms n'ont donc jamais disparu car elle est :

7 Banat— les sept vierges, nommément les sept Hathors —
Vénus

Setna Aisha— la dame du Pain —la pourvoyeuse de vie

Setna Fattma— la dame qui a sevré son enfant

Setna Sekina— la dame de sérénité

Setna Mariam— la Mère bien-aimée (Mari-Om)

Setna Zeneib— la plus haute maison (zenith-b)

Setna Ttahra— la Vierge — la pure

Setna Nafisa— la plus chérie — pourvoyeuse du souffle qui donne la vie

Set el Kol— la dame du tout — la dame de l'univers

Aimée dans tous les pays !

1

APPENDICE 1 : COSMOLOGIE ÉGYPTIENNE ET ALLÉGORIES

La totalité de la civilisation égyptienne était bâtie sur une compréhension totale et précise des lois universelles. Cette profonde compréhension se manifestait dans un système constant, cohérent et étroitement entrelacé, où art, science, philosophie et religion étaient entremêlés et employés simultanément en une seule Unité organique.

La cosmologie égyptienne est basée sur des principes cohérents scientifiques et philosophiques. La connaissance cosmologique de l'ancienne Égypte était exprimée sous la forme d'une histoire, qui est un moyen supérieur pour exprimer des concepts à la fois physiques et métaphysiques. N'importe quel bon écrivain ou conférencier sait que les histoires sont un bien meilleur moyen qu'un exposé pour expliquer le déroulement des choses, parce que les relations des parties l'une à l'autre et au tout sont mieux maintenues par l'esprit. L'information seule ne sert à rien, à moins qu'elle ne se transforme en compréhension.

Les sagas égyptiennes transformaient des noms et adjectifs communs factuels (indicateurs de qualités) en des noms propres mais conceptuels. Ils étaient, de plus, personnifiés, de sorte qu'ils pouvaient être tissés dans des récits cohérents et pleins de sens. La personnification est basée sur la connaissance que l'homme fut créé à l'image de Dieu, et en tant que tel, l'homme représentait l'image créée de toute création.

Les allégories sont un moyen choisi intentionnellement pour transmettre la connaissance. Les allégories mettent en scène les lois cosmiques, les principes, les processus, les relations et les fonctions, et les expriment en des termes faciles à comprendre. Une fois que les sens cachés des allégories ont été révélés, elles deviennent des merveilles de complétude et de concision, à la fois scientifique et philosophique. Plus on les étudie, plus elles s'enrichissent. La dimension cachée des enseignements incrustés dans chaque histoire sont capables de révéler plusieurs niveaux de connaissance, selon le niveau de développement de l'auditeur. Les secrets sont révélés au fur et à mesure que l'on s'élève. Plus on s'élève, plus on voit. C'est toujours ainsi.

Les Égyptiens (de l'ancienne Égypte et les *Baladi* contemporains) ne croyaient/ ne croient pas que leurs allégories étaient des faits historiques. Ils croyaient EN elles dans le sens où ils croyaient en la vérité au-dessous des histoires.

Nous avons montré auparavant trois sujets qui sont exprimés sous forme d'histoire, avec l'utilisation de quatre concepts personnifiés : Isis, Osiris, Horus et Seth.

> 1 – Les principes solaire et lunaire sont représentés par Isis et Osiris

> 2 – La numérologie et la trigonométrie comme décrites dans la relation entre le père [Osiris], la mère [Isis] et le fils [Horus] sont analogues au triangle rectangle 3:4:5.

> 3 – Les quatre éléments du monde (eau [Osiris], feu [Seth], terre [Isis] et air [Horus], ainsi cités dans les *Œuvres Morales* de Plutarque.

Les mystères égyptiens bien réalisés, bien élaborés, bien construits sont un moyen choisi intentionnellement de transmission de connaissance. Signification et expérience mystique ne sont pas liées à une interprétation littérale des événements. Une fois que les sens cachés des récits ont été révélés, ces récits deviennent des merveilles de complétude et de concision, à la fois scientifique et philosophique. Plus on les étudie, plus elles s'enrichissent. Et, enracinée dans le récit comme elle l'est, la partie ne peut jamais être mal comprise pour le tout et son importance fonctionnelle ne peut non plus être oubliée ou distordue.

2

APPENDICE 2 : L'ALLÉGORIE ÉGYPTIENNE UNIVERSELLE – ISIS ET OSIRIS

L'allégorie égyptienne d'Isis et Osiris explique pratiquement toutes les facettes de la vie.

Ce qui suit est une version abrégée de l'histoire de l'allégorie égyptienne d'Isis et Osiris, avec l'accent mis sur le rôle d'Isis en tant que principe divin féminin, ses manifestations et applications. Le récit est montré en parties séparées, chacune de ces parties étant suivie de son évaluation métaphysique concise.

Ce récit est une compilation de sources provenant de temples, de tombes et de papyrus de l'Égypte ancienne, datées de plus de 3 000 ans avant le christianisme et se déroule ainsi :

L'Atam/Atoum auto-crée engendra les jumeaux Shou et Tefnout, qui à leur tour donnèrent naissance à Nout (le ciel/l'esprit) et Geb (la terre/la matière).

L'union de Nout (esprit) et de Geb (matière) produisit quatre rejetons : Osiris, Isis, Seth et Nephthys.

>>**Comme le Jésus des Écritures, Osiris symbolise le divin sous forme mortelle — combinant à la fois esprit (Nout) et matière (Geb).**

L'allégorie égyptienne dit qu'Osiris épousa Isis et Seth épousa Nepthys/Nebt. Osiris devint roi du pays (Égypte) après avoir épousé Isis.

>>L'histoire établit les bases de la société matrilinéaire/ matriarcale. Isis est l'héritière légale.

Osiris apporta civilisation et spiritualité au peuple, leur permettant d'atteindre la prospérité. Il leur donna un corpus de lois pour réguler leur conduite, régler leur disputes de manière juste, et les instruisit dans la science du développement spirituel.

Ayant civilisé l'Égypte, il voyagea de par le monde pour diffuser les mêmes enseignements. Partout où Osiris allait, il apportait paix et instruction au peuple.

>>Osiris représente l'âme universelle, toujours en mouvement. Il voyage, alors que le principe féminin Isis est le symbole de stabilité. Il diffuse les pensées d'Isis à travers le monde entier.

>>Entre les deux évangélistes (Osiris et Jésus), il y a de nettes similarités.

- **Le fils divin descendu du ciel**
- **Dieu descend sur Terre pour guider le monde**
- **Tous deux voyagent pour répandre la bonne parole**

Quand Osiris revint de sa mission, il fut accueilli par un festin royal. Seth — le malin — et ses complices amenèrent Osiris par la ruse à s'allonger à l'intérieur d'un cercueil de fortune. Ce groupe de mauvais sujets referma et scella prestement le couvercle, et le jeta dans le Nil. Seth devint le nouveau pharaon — tandis que le coffre contenant le corps sans vie d'Osiris flottait sur la mer Méditerranée.

>>Jésus et Osiris furent tous deux trahis par des convives

(Jésus par Judas et Osiris par Seth) prenant part à leur repas privé.

Dès qu'elle reçut la nouvelle du sort d'Osiris et de sa disparition, Isis en pleurs, fit le vœu de ne point prendre de repos avant de retrouver son bien-aimé disparu, Osiris— car son cœur ne peut vivre sans son âme-sœur. Le pouvoir de l'amour et de la dévotion est son moteur. Rien ne pourra se mettre en travers de sa route. Elle fera tout ce qu'il faut pour qu'elle soit réunie à son âme, en l'occurrence, Osiris.

Isis chercha partout, abordant quiconque elle rencontrait, y compris les enfants.

>> 1. Ceci reflète une dévotion absolue et un engagement total dans la recherche et la poursuite de la voie spirituelle qui la réunira à Osiris, qui est décrit dans les textes égyptiens comme *« celui qui Manifeste la Vérité »***.**

>> 2. Isis ne reste pas passive mais active dans sa recherche qui la mène partout, abordant quiconque croise son chemin, y compris les enfants. Les enfants représentent le pouvoir de divination, qui est une manière d'acquérir la connaissance qui se trouve au-delà de la limite de nos sens humains.

La suite de l'histoire nous raconte que le cercueil d'Osiris fut apporté par les vagues sur les rives d'une terre étrangère. Un arbre poussa et grandit autour de lui, entourant le corps d'Osiris dans son coffre. L'arbre devint grand, beau et odorant.

La nouvelle de cet arbre magnifique parvint aux oreilles du roi de cette terre étrangère. Le roi ordonna que l'arbre fût abattu et que son tronc lui fût apporté. Il utilisa le tronc comme pilier pour sa maison sans avoir connaissance du secret qu'il renfermait.

>> Ceci fait référence à l'Arbre de Vie et à tout ce que cela

implique. C'est également une référence au pilier Tet (Djed) d'Osiris.

Dans le christianisme, ceci devint l'arbre de Noël.

En songe, Isis eut la révélation que le corps d'Osiris se trouvait en cette contrée étrangère. Elle se mit immédiatement en route pour cette destination.

À son arrivée, elle prit les vêtements d'une roturière et se lia d'amitié avec les servantes de la reine et fit en sorte d'obtenir au palais, la fonction de nourrice de l'enfant princier et de se trouver aussi près que possible du pilier contenant le corps de son bien-aimé Osiris.

>> Ceci est remarquable, puisque voici Isis ... la reine d'Égypte ... servant AUTRUI sans aucune exception — dans le but d'obtenir l'UNION avec son amour—Osiris.

Plus tard, Isis révéla son identité à la reine et le but de sa mission. Isis fit ensuite la demande au roi que le pilier lui soit donné. Le roi lui accorda sa requête, et elle coupa profondément à l'intérieur du tronc et emporta le coffre.

Isis s'en revint en Égypte avec le coffre contenant le corps sans vie d'Osiris. Elle cacha le corps dans les marais du delta du Nil.

Toute femme qui aime vraiment son mari est considérée comme Isis et a le pouvoir de l'éveiller à une vie plus grande, comme Horus. Le Père S. J. Vann a comparé l'éveil du Christ par Marie Madeleine, lorsqu'il émergea de son tombeau, à Isis éveillant Osiris d'entre les morts.

La « Lamentation d'Osiris », dans laquelle Isis et sa sœur Nephtys pleurent la mort d'Osiris et l'implorent de revenir à la vie, permet de faire toute la lumière sur la comparaison entre les deux situations. Le texte de ce duo provient d'une lamentation bien plus ancienne.

Andrew Lang a décrit Le chant funèbre d'Osiris comme « ayant le pouvoir d'attiser nos émotions les plus profondes» :

> Nous chantons Osiris mort,
> Pleurons la tête tombée.
> La lumière a quitté le monde, le monde est gris
> À travers les cieux étoilés,
> La toile de l'obscurité vole,
> Et Isis pleure Osiris, trépassé.
> Les étoiles, les feux, les rivières versent tes larmes
> Pleurez, enfants du Nil, pleurez car votre seigneur est mort !
> Doucement, nous marchons, nos pas mesurés tombant
> Dans le sanctuaire sept fois ;
> Doucement, le mort qui vit, nous appelons :
> « De ton froid royaume, Osiris, reviens !
> Reviens vers ceux qui te vénèrent, toi, Ô, l'ancien ».
> Dans l'enceinte de la cour divine
> La chapelle sept fois sacrée
> Nous passons, tandis que les échos sur les murs du temple
> Répètent la longue lamentation
> Le son de la douleur envoyé
> Au-delà des salles impérissables
> Où, dans les bras l'une de l'autre, pleurent les sœurs
> Isis et Nephtys sur son sommeil d'où on ne peut le tirer.
>
> Doucement, nous marchons, nos pas mesurés tombant
> Dans le sanctuaire sept fois ;
> Doucement, le mort qui vit, nous appelons :
> « De ton froid royaume, Osiris, reviens !
> Reviens vers ceux qui te vénèrent, toi, Ô, l'ancien ».
> Ô, habitant de l'ouest,
> Amant le plus majestueux,

Ton amour, ta sœur Isis, t'appelle à revenir !
Sors de ta sombre chambre,
Toi, Maître du Soleil,
Ta Chambre Obscure bien en dessous de l'écume,
Lasses sont mes ailes, épuisée, je suis.
Par tout le firmament
Sur tous les chemins de l'Enfer, pavés d'horreur,
Je te cherche ici et là,
D'étoile en étoile filante
Libre avec les morts qui demeurent en Amenti
Je cherche parmi les hauteurs, parmi les tréfonds, parmi
les terres, dans les cieux
Lève-toi d'entre les morts, et vis, notre Seigneur Osiris,
lève-toi !

Isis voulait que son époux continue de vivre. Le corps sans vie d'Osiris n'allait pas stopper Isis, car quand on veut, on peut. Elle voulait donc avoir un fils par tous les moyens.

Elle utilisa donc ses pouvoirs magiques pour se transformer en colombe. En extrayant d'Osiris son essence, elle conçut un enfant —Horus.

En d'autres termes, Isis fut fécondée par le saint-esprit d'Osiris.

1. **Cette action symbolise la réincarnation et la renaissance spirituelle — une clé pour comprendre la croyance égyptienne de la vie après la mort. Dans son rôle le plus spécifique, Isis est la matrice hors de laquelle la nouvelle vie Osiriaque renaît après la mort.**
2. **La conception d'Horus par Isis sans intervention d'un homme vivant est la plus ancienne version documentée d'une Immaculée Conception. Le rôle d'Isis dans l'histoire modèle égyptienne et l'histoire de la Vierge Marie sont frappantes de similarité car toutes deux furent capables d'enfanter sans fécondation masculine et**

en tant que telle, Isis était révérée en tant que Mère Vierge.

3. **Sur un plan purement intellectuel, nous pouvons voir ici que le principe féminin (Isis) crée l'essence du mâle Osiris pour en être fécondée. En d'autres termes, le principe féminin de l'intellect a généré le principe masculin de l'âme de sorte qu'une descendance puisse prendre naissance et que le processus de création se perpétue. Ce concept égyptien donne à la notion d'Immaculée Conception un niveau de profondeur supplémentaire.**

Lorsque Seth eut vent de l'existence de l'enfant Horus, il s'en alla pour le tuer. Sachant que Seth approchait, Isis fut alors informée qu'elle devait conduire Horus en un lieu retiré dans les marais du delta du Nil, où elle put l'élever en toute sécurité.

Durant ses jeunes années, l'enfant Horus fut piqué par un scorpion et en mourut. Isis fut alors capable de le ramener à la vie en utilisant une formule magique.

>> **Ceci est l'origine de l'histoire dans laquelle Hérode, ayant appris la naissance de l'enfant Jésus, décida de détruire tous les nouveau-nés mâles.**

Dans le Nouveau Testament, l'ange du Seigneur dit à Joseph : « *Lève-toi et emmène le jeune enfant et sa mère et fuyez en Égypte.* »

La suite de l'histoire nous apprend qu'une nuit, (alors qu'Isis s'occupait d'Horus, tous deux cachés), alors que la lune était pleine, Seth, le malin, et ses sbires trouvèrent le coffre renfermant le corps sans vie d'Osiris, qu'ils découpèrent en quatorze morceaux. Ce nombre quatorze symbolise le nombre de jours requis pour que la lune soit pleine.

Osiris, qui symbolise le principe lunaire de l'univers est connu sous le nom d'Osiris la Lune.

>> **La lune reflète le pouvoir du soleil. Isis, principe féminin, représente le soleil. Osiris, principe masculin, représente la lune.**

Lorsqu'Isis apprit que Seth et ses acolytes avaient découpé le corps et l'avaient éparpillé dans tout le pays, sa tâche fut de rechercher çà et là les morceaux pour les rassembler.

>> **1. On se re-mémore et on ra-ssemble ses souvenirs pour guérir et pour ne jamais oublier. Isis en train de ra-masser et de re-membrer équivaut à regrouper les morceaux pour atteindre l'unité avec le Divin.**

>> **2. Se re-cueillir et se re-mémorer l'histoire d'Isis et Osiris, c'est garder dans notre cœur une histoire qui exprime, selon les mots de Joseph Campbell : « *l'immanence du divin dans les formes phénoménales de l'univers.* »**

>> **3. Attacher ou lier ensemble est ce que signifie le mot 'latin' RELIGIO, qui est la racine du mot religion.**

Lors de sa quête des morceaux, Isis requit l'assistance du divin Anubis, pour lui servir de guide et de gardien. Elle requit également l'assistance de Thot, qui lui fournit connaissance et sagesse lors de sa quête spirituelle.

1. **Ceci signifie le besoin de guidance spirituelle dans le voyage. Anubis représente (tel un chien qui flaire la piste) l'éclaireur (spirituel).**
2. **Connaissance et sagesse, ainsi que Thot les représente, sont nécessaires pour emprunter le chemin spirituel.**

Isis, avec l'aide d'autrui, ramassa tous les morceaux à l'exception du phallus, qui avait été avalé par un poisson du Nil. Elle réunit alors le corps démembré d'Ausar, et aidée par d'autres, l'enveloppa de bandelettes de lin et le momifia.

Thot, Isis et Horus accomplirent la cérémonie de **l'Ouverture de La Bouche** sur la momie, et Osiris fit rappeler à la vie en tant que Juge des Morts (le passé), tandis qu'Horus allait prendre sa place en tant que souverain des vivants (le présent).

>> Ceci représente le cycle éternel et perpétuel du pouvoir spirituel sur terre : le roi est mort (Osiris). Vive le roi (Horus).

Aussitôt qu'Horus eut atteint l'âge adulte, il défia Seth pour le droit au trône dans ce qu'on appela la Grande Querelle/Bataille dans le Désert. Il y a une série de batailles entre Horus et Seth, qui illustrent comment la vie est une quête éternelle du divin à l'intérieur de nous-mêmes, symbolisée par Horus et Seth.

L'archétype du conflit interne dans le modèle égyptien est symbolisé dans le combat entre Horus et Seth. C'est l'archétype du conflit entre forces opposées. Horus, dans ce contexte, est l'homme divin, né de la nature, qui doit livrer bataille contre Seth, son propre parent, représentant le pouvoir de l'opposition, et non pas le mal dans le sens étroit du terme. Seth représente le concept d'opposition dans tous les aspects de la vie (physiques et métaphysiques).

>> Ceci représente, en réalité, le conflit interne en chacun d'entre nous—symbolisé par la dualité Horus / Seth.

Finalement, Horus et Seth s'en allèrent trouver le conseil des neteru (dieux/ déesses) pour déterminer qui doit régner. Tous deux défendirent leur cas. Le conseil des neteru trancha et décida qu'Horus devait régner sur les zones habitables/peuplées et Seth sur les déserts/terres à l'abandon.

>> Ceci montre le concept et sa mise en pratique de résolution de conflit par le jugement d'un jury etc.

L'allégorie d'Isis et Osiris nous montre ce qu'est l'amour et comment le VÉRITABLE AMOUR triomphe de TOUT.

3

APPENDICE 3 : CŒUR ET ÂME : RÉFLEXIONS MÉTAPHYSIQUES

Nous avons vu comment le cœur aimant et intellectuel d'Isis conçu le plan de création et comment Isis, ensuite, insuffla la vie à son plan de création en concevant l'âme — en tant que principe divin masculin. Pourtant, la vie est cyclique de par sa nature, et elle requiert renouveau et renaissance. Donc, Isis le féminin, est sans arrêt en train de renouveler la vie à l'âme, de sorte que la création puisse aller de l'avant. Le cœur d'Isis ne peut pas vivre sans l'âme — qui est le principe masculin — Osiris.

En tant que tels, Isis et Osiris sont le cœur et l'âme de l'univers.

<u>Le Cœur</u>

Le cœur divin, bien que relié de façon mystérieuse au cœur physique de chaque individu, n'est pourtant pas chose faite de chair et de sang. Non pas comme le suggère le mot « cœur » en français, sa nature est plutôt intellectuelle qu'émotionnelle, mais tandis que l'intellect ne peut réellement accéder à la connaissance de La Divinité (L'État Divin, Le Divin), le cœur divin a la capacité de connaître les essences de toutes choses et, lorsqu'il est illuminé par la foi et la connaissance, il reflète le contenu entier de l'esprit divin.

Le cœur divin purifié est la part de l'humanité qui participe de l'essence de la divinité.

Le cœur est cet organe de perception qui est capable de connaitre tous les niveaux de réalité et de connaitre le Tout aussi bien que les parties. Il se peut être que ce que le cœur peut connaitre est le maximum qu'un être humain puisse connaitre, et ceci est infini.

Le cœur correspond à la conscience et en tant que tel est identifié à la totalité de tous les organes des sens/de connaissance.

Le cœur peut être compris comme la totalité des facultés sub-conscientes qualitatives qui fonctionnent d'une manière unifiée.

Le cœur peut être compris comme le centre de l'inconscient, la force d'intégration potentielle en notre centre.

Le cœur est le symbole de contemplation et de contact métaphysique intérieur.

Le cœur renferme un point de contact avec la dimension infinie de l'Esprit, source de toutes les qualités.

Garder Le Divin présent en notre cœur signifie que Le Divin va devenir notre réalité. Cette Essence va devenir notre essence. Cette Force va devenir notre force. Cette Complétude est notre complétude.

Le cœur est le point duquel l'être humain en tant qu'individu est le plus près de la Réalité Divine.

L'Âme

Le cœur contient l'âme — le Souffle de Vie.

Le commencement de la respiration apparaît en tant qu'émanation divine de la potentialité à la réalité, avançant sans trêve, généreusement jusqu'à la complétion et la perfection de la forme.

Il y a une seule respiration qui est responsable de l'origine de toutes les autres ; et cette respiration prend sa source dans le cœur, passe de là jusque dans les principaux centres du corps, s'attardant en eux suffisamment longtemps pour leur permettre de lui transmettre, communiquer leurs propriétés tempéramentales respectives.

C'est cette respiration « principale » associée au cœur qui est identifiée comme la force de la vie elle-même et est le lien entre le corporel et le subtil, et les aspects spirituels de l'être de l'homme. C'est la respiration humaine qui rend possible l'équilibre parfait des éléments, condition nécessaire à la manifestation de l'Intellect.

La respiration agit en tant que lien entre le physique et le psychique et les mondes spirituels, et joue un rôle basique pas seulement en ce qui concerne les fonctions physiologiques du corps humain, mais aussi en ce qui concerne la délivrance de la vie du corps.

Purification du Cœur et de l'Âme — Volonté et Voie

Le cœur contient un point de contact avec l'infinie dimension de l'Âme, source de toutes les qualités. Si nous donnons la possibilité à l'Âme plutôt qu'à l'égo de diriger notre cœur, une nouvelle vie nous emplit. À ce niveau, nous commençons à nous purifier de nos projections et distractions mentales. Nous dissolvons les images du soi, nos fictions narcissiques. Nous apprenons à conserver nos processus de pensée en adéquation avec la Réalité Divine par le biais d'une relation plus consciente à cette Réalité Divine, que nous commençons à percevoir plus clairement dans la multiplicité de ses formes.

Le cœur peut être compris comme la totalité des facultés sub-

conscientes qualitatives qui fonctionnent d'une manière unifiée. Une fois activées, ces facultés se soutiennent et s'illuminent mutuellement, de la même façon que la coordination œil-main est supérieure au seul toucher ou à la seule vue. Bien que ces fonctions semblent être séparées, elles servent un but d'unification qui est de connaitre l'unité au-delà de la multiplicité. Elles sont les moyens subtils dont notre système nerveux dispose pour réaliser l'unité.

Sonder le cœur humain et dévoiler les qualités spirituelles qu'il renferme est le travail de toute vie, de tout art, de toute spiritualité. Le but de notre vie est de connaitre le cœur sans les voiles de nos craintes, de nos préoccupations, de nos désirs et de nos stratégies. Le cœur humain est l'hologramme des univers visibles et invisibles, la partie qui reflète le tout.

La purification du cœur est une éducation complète aux dimensions physiques, intellectuelles, psychologiques et morales. Et pourtant ce travail est plus efficace s'il peut démarrer dans le contexte illimité du cœur.

Pour réaliser notre objectif, qui est de devenir Isis, on doit atteindre la pureté du cœur. L'aspirant, selon le modèle égyptien, apprend à purifier son soi intérieur en apprenant à dompter ses vices et en pratiquant les opposés de ces vices (les vertus) en société. La connaissance est atteinte à la fois par l'esprit et par l'expérience.

La purification interne doit être complétée par la pratique d'un bon comportement social durant la vie quotidienne ordinaire. Chaque action imprime sa trace sur le cœur. L'être intérieur d'une personne est réellement le reflet de ses actes et de ses agissements. Accomplir de bonnes actions permet ainsi d'établir de bonnes qualités intérieures ; les vertus imprimées sur le cœur gouvernent à leur tour les actions des membres. Comme chaque acte, pensée et action imprime une image dans le cœur, cela devient un attribut de la personne.

Cette maturation de l'âme à travers des attributs acquis conduit progressivement à des visions mystiques et à l'ultime unification au Divin. Réciproquement, la connaissance obtenue à la fois par l'intellect et l'intuition est la source de vertu qui doit être pratiquée dans la vie de tous les jours.

L'aspiration à la vertu et la vision du Divin sont tous des aspects d'un seul accomplissement progressif au cours duquel l'aspirant devient plus sage jusqu'à ce qu'il achève la totalité de l'être qui entraîne la vision mystique et la piété ordinaire simultanément. [Pour plus d'informations détaillée à ce sujet, veuillez consulter l'ouvrage *Mystiques Égyptiens : Chercheurs de La Voie* de Moustafa Gadalla]

4

GLOSSAIRE

Animisme – Le concept que toutes choses dans l'univers sont animées (énergisées) par des forces de vie. Ceci s'accorde, scientifiquement, avec la théorie cinétique, selon laquelle chaque minuscule partie de toute matière est constamment en mouvement, c'est-à-dire énergisée par des forces de vie.

attributs – Les qualités et les significations divines qui sont les véritables facteurs causals des créations manifestées.

Baladi – Un terme d'usage local, utilisé pour décrire l'actuelle majorité silencieuse des Égyptiens de souche, qui adhère aux traditions de l'Égypte ancienne, sous un mince vernis d'Islam.

Copte – Mot dérivé de la traduction grecque pour qualifier un Égyptien. Les Arabes, après 641 de notre ère, n'utilisèrent ce mot que pour désigner la population chrétienne sous le terme de Coptes. Il en résulte que le terme « copte » pris un sens différent vers le VIIe siècle.

cosmologie – L'étude de l'origine, de la création, de la structure et de la façon ordonnée dont opère l'univers, dans son ensemble et les parties qui lui sont liées.

Douât/Duat/Tuat – (ancienne Égypte) Le monde Souterrain où l'âme va subir une transformation menant à la résurrection.

géométrie sacrée – Le processus par lequel toutes les figures sont tracées ou créées, en utilisant seulement une ligne droite (même pas une règle) et un compas, c'est-à-dire sans prendre de mesures (et qui dépendent seulement de la proportion).

Livre de la Sortie au Jour (Per-em-hru) – consiste de plus de 100 chapitres de longueur variable qui sont étroitement liés aux prétendus Textes des Pyramides de Saqqarah. On trouve ces textes sur des rouleaux de papyrus qui enveloppaient les bandages des momies du défunt et enterrées avec lui.

Livre des Morts– voir Livre de la Sortie au Jour.

matriarcat – une société/un état/une organisation, dont la descendance, l'héritage et la gouvernance sont déterminées par les femmes. C'est la femme qui transmet les droits politiques et le mari qu'elle choisit agit ensuite comme son agent exécutif.

matrilinéaire– une société dont la descendance, l'héritage et la gouvernance sont basées sur la lignée maternelle.

mysticisme – consiste en des idées et des pratiques menant à l'union avec le Divin. L'Union est décrite de manière plus précise en tant que l'unité, la jonction, l'aboutissement, la conjonction et la réalisation du caractère unique de Dieu.

neter/netert – un principe/une fonction/un attribut divin du Grand Dieu Unique. Traduit de manière erronée par dieu/déesse.

Ostracon – Terme dont usent les archéologues pour faire référence aux tessons de poterie ou aux éclats de calcaire comportant textes et dessins.

papyrus – peut signifier soit : 1) Une plante utilisée pour en faire une surface sur laquelle écrire. 2) Du papier, comme support d'écriture. 3) Le texte écrit, comme par exemple : "Le Papyrus de Leiden".

Rê / Ra – représente la force créatrice cosmique primordiale. Son nom caché est Amen, qui signifie secret. Tous les neteru (dieux, déesses) qui prirent part au processus de création sont des aspects de Rê. Par conséquent, Rê est souvent associé à d'autres neteru comme Atam-Rê, Rê-Horakhty, etc.

strophe – un groupe de vers formant une des divisions d'un poème ou d'une chanson. De manière typique, elle possède un schéma régulier dans le nombre de vers ainsi que l'arrangement du mètre et de la rime.

stèle – pierre ou bloc de pierre ou colonne de pierre, sur laquelle sont inscrits des textes commémoratifs.

Textes des Pyramides– un recueil de textes de transformation (funéraires) trouvés dans les tombes des 5e et 6e Dynasties (2465-2150 avant notre ère).

Thot – représente les aspects Divins de la sagesse et de l'intellect. C'est Thot qui proféra les mots qui créèrent le monde, comme il lui fut commandé par Rê. Thot est représenté comme le messager des neteru (dieux, déesses), de l'écriture, du langage et de la connaissance.

zodiaque – Une ceinture imaginaire dans les cieux s'étendant sur environ huit degrés de chaque côté de la trajectoire apparente du soleil et qui inclue également les trajectoires de la lune et des planètes principales : elle est divisée en douze parties égales, ou signes, chacun portant le nom d'une constellation différente.

5

BIBLIOGRAPHIE SÉLECTIVE

Ameen, Ahmed. *The Egyptian Customs, Traditions and Expressions.* Cairo, 1999

Baines, John and Jaromir Málek. *Atlas of Ancient Egypt,* New York, 1994.

Bleeker, C.J. *Egyptian Festivals: Enactments of Religious Renewal.* Leiden, 1967.

Breasted, James Henry. *Ancient Records of Egypt,* 3 Vols. Chicago, USA, 1927.

Budge, E.A. Wallis. *Amulets and Superstitions.* New York, 1978.

Budge, E.A. Wallis. *Cleopatra's Needles and Other Egyptian Obelisks.* London, 1926.

Budge, E.A. Wallis. *The Decrees of Memphis and Canopis,* 3 Vols. London, 1904.

Budge, Sir E. A. Wallis. *Egyptian Language: Easy Lessons in Egyptian Hieroglyphics.* New York, 1983.

Budge, E.A. Wallis. *Egyptian Magic.* New York, 1971.

Budge, E.A. Wallis. *Egyptian Religion: Egyptian Ideas of the Future Life.* London, 1975.

Budge, E.A. Wallis. *From Fetish to God in Ancient Egypt.* London, 1934.

Budge, E.A. Wallis. *The Gods of the Egyptians,* 2 volumes. New York, 1969.

Budge, Wallis. *Osiris & The Egyptian Resurrection* (2 volumes). New York, 1973.

Catholic Encyclopedia, Online Edition, 1999. http://www.newadvent.org/cathen/.

Clement Stromata Book V, chapter IV [www.piney.com/Clement-Stromata-Five.html]

Diodorus of Sicily. *Books I, II, & IV,* tr. By C.H. Oldfather. London, 1964.

Egyptian Book of the Dead (*The Book of Going Forth by Day*), *The Papyrus of Ani.* USA, 1991.

Erman, Adolf. *Life in Ancient Egypt.* New York, 1971.

Farouk Ahmed Moustafa. *The Mouleds: A Study in the Popular Customs and Traditions in Egypt.* Alexandria, 1981 [Arabic text].

Findlen, Paula, Ed. *Athanasius Kircher: The Last Man Who Knew Everything.* New York, 2004.

Gadalla, Moustafa:
– *Ancient Egyptian Culture Revealed.* USA, 2007.
– *Egyptian Cosmology: The Animated Universe – 2nd edition.* USA, 2001.
– *Egyptian Divinities: The All Who Are THE ONE.* USA, 2001.
– *Egyptian Harmony: The Visual Music.* USA, 2000.

– *Egyptian Mystics: Seekers of the Way*. USA, 2003.
– *The Ancient Egyptian Roots of Christianity*. USA, 2007.
– *Egyptian Rhythm: The Heavenly Melodies*. USA, 2002.
– *Egyptian Romany: The Essence of Hispania*. USA, 2004.
– *Historical Deception: The Untold Story of Ancient Egypt*. USA, 1999.

Gilsenan, Michael. *Saint and Sufi in Modern Egypt*. Oxford, 1973.

Godwin, Joscelyn. *Athanasius Kircher: A Renaissance Man and the Quest for Lost Knowledge*. London, 1979.

Greek Orthodox Archdiocese of America website. www.goarch.org. 2002.

Hare, Tom. *Remembering Osiris*. Stanford, CA, USA, 1999.

Herodotus. *The Histories*. Tr. By Aubrey DeSelincourt. London, 1996.

Kastor, Joseph. *Wings of the Falcon, Life and Thought of Ancient Egypt*. USA, 1968.

Kircher, Athanasius. *Oedipus Aegyptiacus* (3 vols.), Rome, 1652-4.

Maxwell-Stuart, P.G., Ed. *The Occult in Early Modern Europe*. New York, USA, 1999.

Nicholson, Reynold A. *The Mystics of Islam*. New York, 1975.

Piankoff, Alexandre. *The Tomb of Ramesses VI*. New York, 1954.

Piankoff, Alexandre. *Mythological Papyri*. New York, 1957.

Piankoff, Alexandre. *The Litany of Re*. New York, 1964.

Piankoff, Alexandre. *The Pyramid of Unas Texts*. Princeton, NJ, USA, 1968.

Piankoff, Alexandre. *The Shrines of Tut-Ankh-Amon Texts*. New York, 1955.

Plato. *The Collected Dialogues of Plato including the Letters*. Edited by E. Hamilton & H. Cairns. New York, 1961.

Plotinus. *The Enneads*, in 6 volumes, Tr. By A.H. Armstrong. London, 1978.

Plotinus. *The Enneads*, Tr. By Stephen MacKenna. London, 1991.

Plutarch. *De Iside Et Osiride*. Tr. By J. Gwyn Griffiths. Wales, U.K., 1970.

Plutarch. *Plutarch's Moralia, Volume V*. Tr. by Frank Cole Babbitt. London, 1927.

Pritchard, James B., Ed. *Ancient Near Eastern Texts*. Princeton, NJ, USA, 1955.

Shafer, Byron E. (Ed.). *Religion in Ancient Egypt*. Ithaca, NY, USA, 1991.

Shah, Idries. *The Sufis*. New York, 1964.

Sicilus, Diodorus. *Vol 1*. Tr. by C.H. Oldfather. London.

Wilkinson, J. Gardner. *The Ancient Egyptians: Their Life and Customs*. London, 1988.

6

SOURCES ET NOTES

L'auteur est un expert en dialectes et langues arabes, notamment la langue égyptienne et diverses langues arabes vernaculaires. Il possède également une connaissance approfondie de l'Islam, étant né dans une famille pratiquante en Égypte et ayant suivi des études islamiques durant toute sa vie.

Les références aux sources dans la section précédente (Bibliographie sélective) sont indiquées uniquement pour les faits, événements et dates et non pas pour les interprétations faites de ces informations.

Il convient de noter en cas de référence à l'un des livres de Moustafa Gadalla que tous les ouvrages de cet auteur contiennent des annexes indiquant sa propre bibliographie détaillée ainsi que des sources et notes détaillées.

Chapitre 1 : Isis : LA MÈRE DE LA CRÉATION

1.1 SON NOM
Gadalla [Cosmologie, Divinités], Plutarque, Budge [Tous les ouvrages]

1.2 MATRICE UNIVERSELLE

Gadalla [Mysticisme, Histoire romaine, Christianisme],
Budge [Osiris], Gadalla étant né en Egypte

APPENDICE 1 : COSMOLOGIE ÉGYPTIENNE ET ALLÉGORIES

Gadalla [Cosmologie, Mysticisme, Christianisme], Bleeker,
Plutarque, Diodore de Sicile

APPENDICE 2 : L'ALLÉGORIE ÉGYPTIENNE UNIVERSELLE – ISIS ET OSIRIS

Gadalla [Cosmologie, Mysticisme, Christianisme],
Budge [Osiris, Dieux], Diodore de Sicile, Plutarque

APPENDICE 3 : CŒUR ET ÂME : RÉFLEXIONS MÉTAPHYSIQUES

Gadalla [Mysticisme, Cosmologie, Christianisme],
Budge [Osiris, Dieux], Diodore de Sicile, Plutarque, Shah,
Nicholson.